LETTRE

DE

MICHEL-PASCAL CREUZÉ,

MEMBRE DU CONSEIL DES ANCIENS,

A

JEAN-PHILIPPE GARAN,

DÉPUTÉ DU LOIRET,

Sur son rapport des troubles de St-Domingue, distribué au Corps législatif en ventôse, an V, dix-huit mois après la clôture des débats.

SE VEND A PARIS,

Chez MARET, Cour des Fontaines, Palais Égalité.
— DESENNE, Palais Égalité, Nᵒˢ 1 et 2.
— Et chez tous les marchands de nouveautés.

AN CINQ DE LA RÉPUBLIQUE.

LETTRE

DE

MICHEL-PASCAL CREUZÉ,

MEMBRE DU CONSEIL DES ANCIENS,

A

JEAN-PHILIPPE GARAN,

DÉPUTÉ DU LOIRET,

SUR son rapport des troubles de St-Domingue, distribué au Corps législatif en ventôse, an V, dix-huit mois après la clôture des débats.

> Quis nescit primam historiæ legem nequid falsi dicere audeat, deinde nequid veri non audeat, nequa suspicio graciæ sit in scribendo, nequa simultatis.　　　　CICER.

ON ne pouvait, mon cher collègue, choisir une meilleure épigraphe que celle que vous avez placée en tête de votre rapport. J'adopte entièrement ces grands principes du premier des orateurs. Ne dérobons rien aux regards de nos concitoyens; les intérêts de la patrie exigent que la vérité paraisse dans tout son jour.

Peut-être serait-il difficile de la découvrir dans les neuf mortels volumes des débats, qui vont être enrichis de trois autres, que vous nous promettez dans votre rapport.

A

Vous parlez au nom de la commission des colonies, des comités de salut public, de législation et de la marine. J'ignore si ces comités ont assisté, par commissaires, à vos conférences, ainsi que je l'ai vu pratiquer plus d'une fois, ou si tous les membres ont scrupuleusement examiné les cent mille pièces qui ont pu fournir la matière de votre travail. Déjà le comité de salut public s'est expliqué dans l'affaire des colonies, par l'organe d'un de ses membres; le comité de marine en a fait autant. J'appréhende, mon cher collègue, qu'il n'y ait entre vous un grand dissentiment; et je ne conçois rien de plus embarassant que de concilier les mêmes autorités qui se trouvent en contradiction avec elles-mêmes. Mais ne préjugeons rien à cet égard.

Pour moi, qui ai aussi ma manière de voir, je vais l'exposer sans déguisement. J'ai regardé comme une véritable conspiration ourdie contre la république, le système de pillage, d'incendie, d'extermination, de loi agraire, celui qui a été suivi et qui régne encore en ce momment à Saint-Domingue.

Je pense aujourd'hui, plus que jamais, que ce système infernal est le même que celui qui a dévasté la Vendée, organisé la guerre civile, soulevé les esprits, empêché les rapprochemens, en portant de tous côtés le fer et la flamme, lorsque, sans négliger les moyens de répression, il eût été plus sage de préférer, à la dévastation, la voie de conciliation dont on s'est si bien trouvé depuis.

Ce fut le 4 pluviôse, an 3, que la Convention décréta que la commission des colonies entendrait, sous trois jours, les accusateurs et les accusés de Saint-Domingue. Elle marqua le vif intérêt qu'elle prenait à cette affaire importante et son impatience d'en connaître les résultats, en ordonnant que des tachygraphes recueilleraient les débats sous la surveillance de la commission. Son attente ne fut pas remplie, puisqu'à peine savions-nous, au bout de huit, de quinze jours, de trois semaines et d'un mois, ce qui s'était dit au Carouzel. Et ce n'est qu'après plus de dix-huit mois, écoulés depuis la clôture des débats, que nous recevons le premier aperçu de vos longues méditations. Il faut en convenir, si la marche de la justice est lente, la lumiere a quelquefois bien de la peine à parvenir jusques à nous.

Rien ne me paraissait plus propre, mon cher collegue, à la produire, que d'opposer aux allégations des accusateurs, et aux dénégations des accusés, le témoignage de ceux qui étaient à même par leur présence de voir et d'entendre ce qui s'est passé à 1,800 lieues de nous. Je sais qu'il reste un très-grand nombre de pieces authentiques ; il faudra bien s'en contenter, si l'on ne juge pas tout à fait incomplette l'instruction que vous nous présentez. Vous savez bien mieux que moi que les commissaires enquesteurs, examinateurs, recueillent scrupuleusement la déposition des témoins, sauf à les apprécier ensuite, et à y avoir tel égard que de raison. On conçoit assez difficilement que dans une colonie entiere, composée de trois provinces, on puisse suspecter la race entiere des blancs ; ne serait-ce point là aussi une *aristocratie de la peau* ? Et faut-il toujours apprécier les choses par la couleur ? Voudrait-on encore créer un nouveau genre de suspects ? Hommes, femmes, enfans, vieillards, habitans, étrangers, militaires, marins, commerçans, colons incendiés, mutilés, proscrits, déportés, réfugiés, pas un seul individu parmi eux ne peut faire foi en justice ! Sont-ce donc bien là des citoyens ? Il suffira donc d'être né Français, d'avoir été ruiné, opprimé, pour n'être pas même entendu ! Je l'avoue, je n'y conçois plus rien. Tous les individus qui tiennent à l'espece humaine ont les mêmes droits, méritent les mêmes égards ; il faut améliorer le sort de chacun sans détruire son semblable, et assurer la liberté sur les principes de la civilisation et de l'intérêts social. Je veux bien faire des africains nos amis, nos alliés, mais sans expulser ceux qui nous touchent de plus près encore ; nos concitoyens, nos parens, nos enfans. N'attendons pas de la part de ces étrangers ce véritable amour de la patrie que la nature a placé dans le cœur de tous les hommes, que le sentiment de la reconnaissance ne remplace que faiblement. Sachons faire du bien sans nous faire de mal à nous-mêmes. Livrez des armes à des enfans, à des furieux, ils se querelleront, ils les tourneront contre eux-mêmes. Les noirs sont encore au berceau de la liberté ; ce sont à cet égard de véritables enfans. Ils ignorent l'usage qu'ils doivent faire de leurs forces, ils les emploieront les uns contre les autres. Nés dans les forêts, leurs goûts, leurs habitudes conservent encore quelque chose de sauvage : n'ayant aucune idée de la propriété, de l'inviolabilité des personnes, on les verra se disputer les productions d'une terre abandonnée à elle-même ; ils se battront pour le moindre fruit ; se feront une guerre conti-nuelle et meurtrière, ou termineront par se vendre eux-mêmes. C'est ce que nous confirment des rela-tions assez récentes de Saint-Domingue. N'oublions jamais que sur le maintien des propriétés, repose la culture des terres, toutes les productions, tout moyen de travail, tout ordre social. Oh ! combien nous nous sommes écartés de ces principes sous les apparences d'une vaine philantropie.

Mais puisque nous avons contracté vous et moi l'o-bligation de dire toutes les vérités, de n'en dissimuler aucune, vous nous direz sans doute, vous principale-ment membre du comité de législation et son organe, ce que l'on doit penser de *Dufay*, au sujet duquel vous avez imposé silence toutes les fois qu'on a soutenu qu'il avait pris une part très active dans les troubles de la Colonie et particuliérement lors de l'incendie du Cap. Serait-il possible que les deux sentences qui vous ont été remises et ensuite déposées au comité de législation seraient apocriphes ? l'une le déclare en état de faillite, l'autre, et celle-ci en parchemin, si je me le rappelle bien, le déclare stellionataire ; aurait-on emprunté le sceau du Châtelet ? où bien penseriez-vous qu'un failli, qu'un stellionataire sur-tout, pût représenter Saint-Domingue et tout le peu-ple français ? cela même ne serait-il point une violation manifeste de la charte constitutionnelle ? Puisqu'enfin il faut tout dire ; et pourquoi nous tairions-nous sur un fait d'une si haute importance ! Je sens que vous ne pouviez, à la commission, faire le procès d'un représentant du peuple ; mais enfin vous deviez recueillir les débats et ne rien atténuer en éliminant telle ou telle partie de l'accusation. Que dirait-on d'un tribunal qui interdirait la parole à un témoin, à un accusateur qui, pour rendre raison des faits dont on veut s'instruire, déclarerait tout bonnement que la provocation a été faite par tel citoyen qui siége aujourd'hui au corps législatif ? le devoir de ce tribunal ne serait-il pas de recueillir tout simplement l'exposé du dénonciateur, sauf à en référer ensuite à qui de droit ? Et le comité de législation, dont vous êtes l'organe, dont vous étiez membre alors, à qui la Convention avait attribué la connaissance de ce qui regardait les députés, a-t-il bien examiné ces pieces ? a-t-il donné son avis ? a-t-il instruit le corps législatif ? si ces pieces ne pouvaient fixer son attention, les a-t-il fait remettre à ceux qui les avaient déposées ; car sans doute c'était leur propriété ? je n'ai point de dissimulation, on pourrait nous accuser de bienveillance, et elle serait funeste à la chose publique dès qu'elle peut conduire à la violation des principes.

Une autre remarque, et je ne puis la passer sous silence, puisque nous nous sommes interdit toute espece de réticence, c'est que notre collégue *Grégoire*, si estimable par ses connaissances, et sous tant de rapports, récusé par les Colons, ne se soit pas abstenu de lui-même de connaître de cette discussion, ait accepté sa nomination à la commission des Colonies. On prétend qu'il a en différens tems écrit en faveur des noirs, qu'il s'est déclaré leur protecteur, qu'il a ouvert précédemment son avis. Ces motifs de récusation ont quelquefois paru admissibles aux yeux de nos jurisconsultes. Sonthonax nous apprend même qu'un des motifs qui l'a déterminé à assiéger et bombarder le Port-au-Prince, c'est que ses habitans *factieux* y disaient beaucoup de mal de la société des amis des

A 3

noirs, dont on prétend qu'il était membre. Quoiqu'il
en soit, les débats ont roulé sur onze chefs d'accusation bien précisés. C'est à leur examen qu'il faut
uniquement se borner pour les bien apprécier. Nous
ne perdrons pas de vue que les commissaires civils
étaient chargés de rétablir à Saint-Domingue, l'ordre
et la tranquillité publique, et de faire exécuter la
loi du 4 avril. Le premier chef d'accusation porte
sur ce que les commissaires n'ont point rempli leur
mission. La loi du 4 avril prescrivait, art. Ier, ,, de
faire procéder aussitôt la publication du présent décret,
dans chacune des colonies francaises des Isles du vent
et sous le vent, à la réelection des assemblées
coloniales. ,, Le décret est du 8 mars 1790.
L'instruction qui l'accompagnait est du 28 du même
mois. Celles qui étaient particulieres aux commissaires civils, portent qu'ils s'occuperont à rétablir la
paix, l'ordre, et la prospérité publique.

Les obligations étant connues, voyons s'ils les ont
remplies; si la loi du 4 avril a été exécutée; s'ils
ont substitué leur volonté particuliere à la loi; si au
lieu de rétablir l'ordre, la paix, la prospérité publique, ils n'ont pas créé l'anarchie, le désordre, et la
dévastation. Les partisans de Sonthonax, (car son
collegue ayant payé le tribut à la nature, on ne peut
accoler son nom qu'aux grands événemens auxquels
il a pris part.) ses partisans tenteront-ils de nous
persuader que l'objet de sa mission a été rempli ?
Ce serait assurément trop préjuger de notre crédulité,
de celle de nos concitoyens, des habitans des deux
mondes, et de la postérité. On sait et l'on saura
avec bien des détails plus affligeans encore, que la
dévastation a été générale, les massacres commandés,
exécutés en plein jour; qu'il n'y a point eu d'assemblée coloniale. Ces vérités sont incontestables;
il ne peut exister aucun doute à cet égard. Il faut
donc sur des faits de notoriété publique passer condamnation.

Le deuxieme chef les accuse de s'être opposé à
l'exécution du décret du 22 août 1792, relatif à la
nomination des députés à la Convention.

L'accusé se disculpe en disant qu'il a exécuté la loi du 22 août, en envoyant des députés à la Convention, et qu'il n'a défendu qu'à la seule commune du Cap de s'assembler. Priver une grande cité du droit de voter, de nommer ses représentans, c'est la plus petite chose du monde aux yeux de *Sonthonax*. Néanmoins comme cet aveu pourrait paraître précieux, nous pouvons déjà dire *habemus confitentem reum*. Français vous l'entendez, votre délégué, c'est lui - même qui parle ; il n'a interdit les assemblées qu'à la seule commune du Cap. Un commissaire peut-il avoir un pareil droit ?

Le troisieme chef porte sur un fait bien important encore. On y accuse les commissaires civils d'avoir usurpé le pouvoir législatif, de s'être attribué les fonctions du pouvoir exécutif et administratif.

C'est bien là, si je ne me trompe, une véritable dictature ; porter des lois, les faire exécuter, administrer, c'est peut-être encore un cercle trop circonscrit pour des ambitieux. Une proclamation du 31 novembre 1792 institue un tribunal extraordinaire ; car il fallait aussi de *l'extraordinaire* à Saint-Domingue ; et il y est dit : ,, S'il s'élève quelque contestation ,, sur la compétence des juges, nous - ordonnons ,, qu'elles nous seront rapportées, pour être vuidées ,, sur le champ, dérogeant à toute ordonnance ,, contraire. ,, Peut-être reconnaîtra-t-on ici la formule du monarque qui avait commissioné les délégués à Saint-Domingue ? Mais la création d'un tribunal est bien, si je ne me trompe, encore un acte du pouvoir législatif, et un tribunal *extraordinaire* ; ah ! combien de larmes ont fait répandre de semblables institutions ! combien elles ont été funestes à l'innocence !

Bientôt après les commissaires instituent une commission intermédiaire, lorsque le décret voulait une assemblée coloniale. Cette nouvelle création est bien encore du ressort du pouvoir législatif.

L'imposition de plusieurs contributions ; la subvention du quart des revenus, sans consulter le peuple, sont bien encore un acte de bon plaisir et de souveraineté. Au corps législatif, le peuple français est représenté par ses propres délégués ; à Saint-Domingue le peuple ne l'est point du tout.

L'on voit encore *Sonthonax* créer dans la province du Nord un tribunal de 5 juges, sans jurés ; se réserver les nominations, le droit de prononcer sur les compétences, et déroger à toute loi existante. Néanmoins, les commissaires n'avaient, par la loi, que le droit circonscrit de présentation, et le choix était réservé au gouverneur général, d'où résulte nécessairement l'usurpation des pouvoirs.

Les commissaires civils ne s'en tiennent pas là. Par une proclamation ils mettent *hors la loi*, enjoignent de courir sus des fonctionnaires publics, des élus du peuple ; ils défendent, à peine de complicité, de leur accorder aucune retraite.

Sonthonax va plus loin : il affranchit les negres et fixe le prix d'affranchissement. Les deux commissaires supposent une loi qui n'existait pas encore, pour affranchir les negres ; et ils justifient la loi agraire en partageant aux negres ces terres en culture, dont la propriété ne pouvait être incertaine. Est-ce donc ainsi qu'on les respecte, qu'on les maintient ?

Il ne manquait plus que d'avoir cette dictature que Robespierre exerça en secret si long-tems, pour le malheur de la France ; et que *Sonthonax*, son émule, mais plus audacieux que lui, ne craignit pas de déclarer ouvertement. Il écrivait du Cap, le 5 janvier, l'an premier de la république. Cette lettre prétendue confidentielle, est néanmoins imprimée dans tous les papiers publics, dont il est fait mention page 44, tome 6 des Débats. » C'est aux commissaires natio- » naux civils, investis par la loi du 22 juin et celle » du 17 août dernier, de la dictature coloniale, à » suppléer, en vertu de leurs pouvoirs, au silence » des anciens agens du pouvoir exécutif de France ; » et surtout à éloigner du peuple, *soumis à leur* » *gouvernement*, les horribles fléaux que lui prépare » la disette des vivres. » Eh bien ! cet insolent

dictateur est un républicain ! Le peuple souverain,
par essence, est soumis à son gouvernement ; et voilà
le digne émule des Sabins des Cincinnatus ! Y voyez-
vous clair à présent, mon cher collegue ? Seriez-
vous le partisan de la dictature, de la loi agraire, de
la violation de tous les principes ? Non certes, vous
ne vous porterez pas le défenseur de cet usurpateur
de tous les pouvoirs, qui viole les propriétés, qui
soumet le peuple à son gouvernement. Voilà donc
la domination qu'il prétend établir ; voilà donc l'em-
pire de Sonthonax! Que lui faut-il ? des sujets, un
peuple soumis, des africains qui jetent des fleurs sur
son passage ; comme autrefois les Syracusains élevaient
dans les places publiques des statues, enrichies d'or,
à *Verrès*, le plus infâme coucussionnaire qui jusqu'alors
eût jamais dévasté la Sicile ? Inutilement s'était-il fait
donner, précédé par la terreur qu'il avait inspiré,
un certificat, portant que jamais il n'avait fait battre
de verges aucun citoyen. Le fait était constant, mais
il était constant aussi qu'il avait fait abattre plus de
tête à lui seul que tous ses prédécesseurs ensemble.
Y eût-il jamais un caractere plus frappant de res-
semblance ? je conviendrai avec vous que Sonthonax,
qui pourtant a permis la mutilation des negres, de
leur couper les oreilles ou les jarets, les a néanmoins
soustraits aux châtimens rigoureux de leurs maîtres ;
mais vous ne me nierez pas, mon cher collegne, que
ce philantrope a à peu près exterminé la race des
blancs, et fait périr, par le fer et par la flamme,
environ vingt mille français, colons, marins, défenseurs de la patrie. Si vous contestez ces faits, je
vous opposerai les pieces de conviction que *Cicéron*
produisit en plein sénat à *Hortensius*, homme puis-
sant, consulaire, le premier orateur de son tems,
qui défendait *Verrès* de tout son pouvoir et de tout
son crédit. Les faits parlent, les écrits et les témoins.
Ecoutons *Sonthonax* dans sa prétendue justification:
,, Je suis le délégué du pouvoir législatif, exécutif,
,, et administratif ; et revêtu par eux de pouvoirs
,, illimités. ,, Vous l'entendez ce mot sorti de sa

bouche. *Sonthonax* revêtu de pouvoirs illimités ! et
le pouvoir exécutif, le pouvoir administratif ont-ils
jamais pu en conférer de semblables ? Le pouvoir
législatif pouvait-il même instituer une autorité égale
à la sienne, indépendante de la sienne, délibérante
hors sa présence, créant une législation particuliere,
oppressive, concussionnaire, dévastatrice, incendiaire,
portant partout la désolation et la mort ? Est - ce
bien là le code de l'anarchie le plus complet ?
Quoi ! une puissance secondaire avec des pouvoirs
illimités ! des pouvoirs illimités qui ne viennent
pas du peuple ! Vit-on jamais une plus révoltante
usurpation ! Encore, si vous aviez usé de tous ces
moyens pour le bonheur des gouvernés, pour la
prospérité publique, objet spécial de votre délégation,
pour les intérêts de la métropole, on pourrait en
faveur du bien que vous auriez opéré, excuser une
prétention extravagante. Mais vous avez tout plongé
dans le désordre ; la terre qui vous portait est inondée
du sang que vous avez fait répandre ; les cités bom-
bardées par vous, incendiées sous vos yeux, par vos
ordres, par ces brigands qui formaient votre garde
prétorienne, sont encore en ce moment ensevelies
sous leurs ruines ; les habitans sont égorgés ou dispersés ; le territoire de la république, intact jusqu'à
votre arrivée, a été envahi sous vos yeux, livré en
votre présence ; et vous n'êtes pas responsable envers
la France, vous qui aviez envahi tous les pouvoirs,
qui dirigiez tous les moyens de résistance, qui dis-
posiez des fortunes publiques et particulieres, qui
rendiez des lois à votre gré, qui aviez usurpé, sur
les citoyens, le droit de vie et de mort ! Ils sont
passés ces tems désastreux qui enfanterent l'infâme
doctrine de la dictature, de la dictature sans responsabilité. Vous êtes en présence de la nation, le
peuple et les autorités vont porter un jugement terrible et irréfragable, en attendant que la postérité,
qui déjà existe pour vous, l'ait confirmée.

Eh bien ! vous convenez d'avoir établi un tribunal
extraordinaire pour juger les délits de contre-révolu-

tion. Vous voilà donc, de votre aveu, créateur de tribunaux révolutionnaires. Vous avez créé une commission intermédiaire, dont vous avez vous-même nommés six membres ; les faits sont donc bien constans ? Vous avez donc bien usurpé le pouvoir législatif et les droits du peuple, à qui la nomination de ses juges appartient essentiellement ? N'allez pas dire que la Convention a approuvé cette commission intermédiaire ; si le décret du 6 mars a été rendu, n'est-ce pas sur votre exposé ? Si la Convention a reçu des rapports infidelles, ne les tenait-elle pas de vous et de vos agens ? Mais vous subtilisez lorsque vous prétendez qu'il vous était permis d'instituer une commission avec les mêmes pouvoirs qu'avait l'assemblée nationale, parce que cette commission ne pouvait au plus avoir qu'une existence momentanée, et que vous avez toujours éloigné l'assemblée indiquée et voulue par la loi.

Vous convenez aussi d'avoir établi la subvention du quart des revenus, impôts et taxe pour les frais de la guerre. Mais pourquoi la guerre sous des commissaires pacificateurs ? pourquoi armer les citoyens les uns contre les autres, quatorze communes contre le Port au Prince ? Prétendez-vous justifier un forfait par un autre ? Vous avez levé des contributions, la contribution énorme du quart des revenus, des taxes révolutionnaires, des contributions comme en pays ennemi. Eh bien ! du moins, ouvrez vos mains, présentez vos comptes, justifiez de l'emploi que vous en avez fait. Quoi ! vous auriez imposé arbitrairement, administré arbitrairement, dépensé arbitrairement, et vous viendriez nous dire avec *Danton*: le sac est vuide ! Quand on a manié les deniers publics, gouverné les finances, il faut des comptes, des comptes scrupuleux. Les véritables trésors de la république sont enfouis dans les coffres des dilapidateurs, de tous ceux qui prétendent n'avoir aucun compte à rendre. Tout a passé par vos mains, par celles de vos agens, vous êtes donc responsables de tout, ou toute responsabilité est illusoire. Car enfin celui qui prend sur lui de faire ce qu'une loi antérieure n'a pas ordonné, est incontestablement bien responsable de ses gestes et faits. Oh! combien est féconde la mine des spoliations publiques! Quand serons-nous assez sages pour l'exploiter au lieu de revenir sans cesse à de nouveaux impôts!

Vous ne pouvez disconvenir d'avoir mis *hors la loi*, quantité de citoyens, de fonctionnaires publics, les *Neuville*, les *Desbouville*, les *Lafeuillée* et les officiers municipaux de la *Marmelade*, des *Cayemites*, de *Jérémie*; ils avaient, dites-vous, les uns émigrés, les autres, passés à l'Espagnol, les autres, enrôlé des Nègres esclaves contre la république. Quoi! sans autre forme de procès, sans aucune instruction, sans procès-verbaux qui constatent ces délits, vous disposez de la vie des citoyens! Vous prétendez que la Convention déclare traîtres à la patrie ceux qui marcheront contre les ordres de la commission. La commission est-elle donc la patrie, et punit-on un délit sans l'avoir constaté.

Vous convenez d'avoir donné la liberté aux négres qui prendraient les armes pour défendre les possessions coloniales contre les Anglais et les Espagnols; avoir étendu ce bienfait, par votre proclamation du 11 juillet 1793, aux femmes et aux enfans de ceux qui avaient combattu pour la république. Vous allez plus loin: par votre proclamation du 29 août 1793, vous accordez la liberté à tous les esclaves de la partie du Nord; parce que, dites-vous, l'assemblée nationale la leur avait donné tacitement par l'article 18 de la déclaration des droits, et qu'ils avaient tous bien mérité par leur attachement à la république et leur ardeur à la défendre. Quoi! vous nous parlez d'un affranchissement tacite, d'une loi tacite! Mais quand la loi se tait, qui a droit de la faire parler? Vous avancez que les esclaves du Nord avaient tous mérité leur liberté par leur attachement à la république et leur ardeur à la défendre: mais soyez donc d'accord avec vous-même avec les faits les mieux constatés. Rappelez-vous votre lettre du 26 octobre 1792, antérieure de neuf à dix mois à la proclamation dont il s'agit ici: vous disiez: ,, Un détachement consi-

» dérable de chevaliers de Coblentz était venu
» préparer aux princes émigrés une retraite dans la
» colonie. La connivence était évidente entre le
» gouvernement et les esclaves révoltés. Ceux-ci
» décorés des ordres du roi, parés de la cocarde
» blanche, ne parlent de la liberté, que comme d'un
» objet accessoire aux causes de leur prise d'armes;
» ils veulent venger, disent-ils, leur bon roi Louis
» XVI. Ils veulent le remettre sur le trône; mal-
» heur à celui qui tombe entre leurs mains avec le
» signe tricolor de la liberté. Il est haché sans mi-
» séricorde. Il n'y a de sûreté que pour la cocarde
» ou l'écharpe blanche. Les officiers généraux, les
» colonels, les autres officiers de l'ancien régime
» ci-devant employés dans la colonie, peuvent aller
» impunément dans le camp des brigands, ils en
» sont idolâtrés; quelques-uns s'y sont promenés et
» y ont reçu les honneurs militaires. La majorité des
» citoyens de couleur est peu instruite; ils épousaient
» aveuglément et sans le savoir les intérêts des
» ennemis de la France. Par-tout où leur cause tri-
» omphait, le royalisme était restauré, le gouver-
» nement populaire détruit. »

Eh bien! mon cher collègue, y voit-on clair aujourd'hui? Ces républicains si dignes de la liberté,
qui l'ont si bien méritée, qu'étaient-ils quelques mois
avant leur affranchissement? La pluspart, des révoltés,
des brigands, des ennemis de la France, des partisans
du trône, des restaurateurs du royalisme, des porteurs
de cocarde blanche, des gens qui ne parlaient de
liberté, que comme d'un objet accessoire à leur prise
d'armes, qui hachaient sans miséricorde tout ce qui
portait le signe tricolor. Et voilà *Sonthonax*! et voilà
vos républicains exclusifs, le vrai peuple de Saint-
Domingue, vos défenseurs, votre garde prétorienne,
ceux à qui vous avez confié les destinées et les plus
riches possessions de la France! Faut-il ici rappeler
leurs exploits? Je vais me taire et vous laisser parler.
Le lendemain 27 octobre 1792, vous disiez dans une
proclamation: » Vos plus grands ennemis étaient au

» milieu de vous; ils n'y sont plus, vous en voilà
» délivrés à jamais; ceux qui avaient excité ou pro-
» tégé la révolte de vos esclaves; ceux qui avaient
» fait égorger vos peres, vos freres, vos épouses,
» vos enfans, bruler et dévaster vos propriétés;
» ceux qui, chargés de diriger la force publique
» contre les brigands, la tournaient contre vous-même;
» ceux qui révélaient aux brigands le secret de vos
» forces et de votre faiblesse, le lieu, le jour, le
» moment des marches et attaques projétées, qui
» leur disaient: aujourd'hui vous devez fuir, parce
» que votre défaite serait inévitable; demain vous
» pourrez nous attaquer ou nous attendre de pied
» ferme, parce que vous serez sûrs de vaincre; ceux
» qui faisaient distribuer aux brigands les armes,
» les munitions de guerre et de bouche que la
» métropole vous envoyait pour votre défense; ceux
» qui ont fait périr les trois quarts des troupes qui
» sont venues à votre secours, soit par l'insalubrité
» des lieux où ils les ont portées, soit par l'inac-
» tion où ils les ont fait languir, soit en les dissé-
» minant sous le feu des brigands à de grandes
» distances les unes des autres, sur des points où
» elles ne pouvaient pas se secourir, où les brigands
» pouvaient facilement les couper; ceux qui ont
» laissé quelquefois les camps pendant plus de 15
» jours sans un mot d'ordre connu, qui pût leur
» servir de signal de reconnaissance; ceux qui ont
» si long-tems fomenté les haines, si long-tems soufflé
» le feu de la guerre civile entre les différentes clas-
» ses d'hommes libres, pour qu'ils s'entregorgeassent
» entre enx, pour les empêcher de se rallier à la
» cause commune; ceux qui ont voulu vous armer
» contre vous - mêmes, parce que notre mission,
» notre vœu imperturbable était de vous ramener
» tous au centre d'unité, sans lequel la colonie ne
» peut jamais renaître de ses cendres; ceux qui
» fondaient des espérances de contre-révolution en
» France, sur tant de calamités, sur l'anéantissement
» de la colonie, sur la ruine du commerce fran-

» çais ; ou qui, encouragés par les succès éphémeres
» du traître Béhague, se flattaient d'arborer bientôt
» le pavillon blanc à Saint-Domingue, et de vous
» courber de nouveau sous le joug du despotisme.....
» Ces hommes ne sont plus..... Les uns vont subir
» en France le jugement de la nation, et la colonie
» sera vengée ; les autres fuyent dans les terres
» étrangeres; ils y subiront la peine inséparable des
» scélérats démasqués, la honte et le remords..... »

Vous en convenez donc *Sonthonax* : les esclaves révoltés étaient des *brigands* dirigés par des scélérats,
qui ont fait égorger nos peres, nos freres, nos épouses,
nos enfans, brûler et dévaster nos propriétés; et ces
mêmes hommes, égarés sans doute, pour prix de
leurs exploits, de *leur dévouement à la métropole*, vous
leur donnez de votre chef, long-tems avant que la loi
en ait été portée, une liberté qu'ils ont si bien mérité. Vous les armez, vous leur révélez le secret de
nos forces et de notre faiblesse, vous leur livrez les
armes de la troupe de ligne, vous dirigez leurs pas.
Quoi, Sonthonax, vous ne voyez pas que votre main
a tracé elle-même votre acte d'accusation ! Quel est
le crime que vous exposez ici, dont vous ne vous
soyez rendu coupable ? Examinez les tous en détail,
quel sera celui dont vous ne serez pas convaincu ?
Mais pourquoi parler de détail, lorsque, semblable
à *Verrès*, vos forfaits surpassent de beaucoup ceux que
vous attribuez à tout ce qui vous a précédé.

Continuons. Lorsque l'on égorgeait de tous côtés,
lorsque le feu consumait les habitations, le peu d'habitans qui avaient pu échapper aux flâmes, sans asile,
sans appui, abandonnent une terre dévorante, pour
se réfugier au delà des mers chez les aliés de la
France. Quelles preuves donnâtes-vous de cette sublime philosophie que l'on a essayé de trouver en
vous ? De vos principes d'humanité, qui toujours est
si compatissante, sur-tout envers les malheureux ?
Vous défendites par une proclamation aux habitans,
d'abandonner la colonie, sans l'autorisation de la
commission civile, à peine d'être mis *hors la loi*, et

de voir leurs biens confisqués. Et c'est là toute la protection que des incendiés peuvent obtenir d'un dictateur! d'un homme se disant revêtu de pouvoirs illimités! Français, Nation franche et généreuse, qui depuis si long-tems combattez pour assurer la liberté que vous avez si glorieusement conquise, pourrez-vous contenir votre juste indignation? Vous les voyez ces victimes éparses, mutilées, poursuivies par le fer et par la flâme, chercher en vain un lieu de sureté. Resteront-elles dans leurs foyers? Ils sont embrasés! Prendront-elles une fuite devenue inévitable? se précipiteront-elles dans la mer? leur perte est jurée! l'arrêt de mort est prononcé! si elles cedent au sentiment de leur conservation, il faut qu'elles périssent, elles *sont hors la loi*. Nul, à peine de complicité, ne peut leur offrir un azile. Resteront-elles? Mais la mort les attend! Eh! ne sont-elles pas déjà hors la loi, puisqu'on les poursuit à main armée, qu'on les égorge et qu'on les brûle? Français, qu'eussiez vous dit si un génie vômi des enfers, eût ainsi poursuivi les incendiés de Grenelle ou ceux de Saint Roch. Le premier devoir des autorités n'était-il pas d'arrêter les progrès de l'incendie, de mettre à couvert les incendiés, de leur fournir tout espece de secours, de rechercher les causes d'un si déplorable événement, de poursuivre quiconque eût, de dessein prémédité, allumé les torches? Ce n'est plus deux ou trois maisons qui brûlent, ce n'est plus un groupe de maisons, ce n'est plus quelques citoyens qui périssent, ce n'est plus un accident, c'est une colonie entiere que l'on prétend dévaster, c'est la population des blancs qu'on veut, de sang froid, exterminer par toutes sortes de moyens, le fer, la flâme, la mise hors de la loi. Reste Français, tu périras; tâche de te sauver, Français, la mise hors la loi t'atteindra. Tu seras déclaré émigré, tes biens seront confisqués, les alliés de la France ne pourront plus te recevoir; expulsé de leur territoire, si tu passes chez l'ennemi tu es un traître évidemment; nul espoir de salut pour toi. Oh vous qui prétendez punir de mort une fuite

si

si légitime, tapissez vos appartemens de ces lugubres tableaux qui retracent les horreurs de l'incendie du Cap! Que le souvenir de tant de désastres soit toujours présent à votre mémoire! Dites-vous à vous mêmes; la main qui a converti en bûchers les maisons jadis si opulentes de ces industrieux habitans, menace également mes propriétés et ma vie. Si vous avez quelque fortune, vous expierez dans les flâmes le crime d'avoir passé pour riche. Celui qui m'égorge pour envahir mon bien, devient à l'instant aussi coupable que je l'étais; comme moi, il sera digne de mort aux yeux de celui qui convoite ce qu'il appelle sa propriété : et la justice éternelle qui ne laisse jamais le crime impuni, suscitera contre les scélérats, des scélérats de leur espece. Pour vous, âmes honnêtes et sensibles, écartez loin de vous ces images sanglantes, appaisez les mânes errantes et fugitives de plus de vingt mille de vos freres; ne perdez jamais de vue que la sureté publique et individuelle dépend du concours de tous pour assurer les droits de chacun.

IV chef. Les commissaires civils ont paralysé les forces de terre et de mer envoyées par la France, pour rétablir l'ordre, et sont accusés d'avoir tout tenté pour les détruire. Ils ont défendu aux chefs militaires de faire marcher les troupes en masse contre les révoltés.

Ces faits sans doute sont assez graves. Voyons maintenant s'ils sont prouvés. D'abord, *Southonax* est convenu dans la proclamation du 27 octobre, que les plus grands ennemis de la colonie révélaient aux brigands le secret des forces et de la faiblesse des Colons, le lieu, le jour, le moment des marches; qu'ils faisaient distribuer aux brigands les armes, les munitions de bouche, et de guerre; qu'ils avaient fait périr les trois quart des troupes, soit par l'insalubrité des lieux où elles étaient réparties, soit par l'inaction où ils les ont fait languir, soit en les disséminant, sur des points où elles ne pouvaient pas se secourir mutuellement, où les brigands pouvaient

B

facilement les couper. *Sonthonax* qui décrit si fidè-
lement toutes ces manœuvres, en connaissait donc
bien la perfidie ; et si lui-même les a exécutées,
n'a-t-il pas prononcé, quelque puisse être le rapport,
sa propre condamnation ? Ne se déclare-t-il pas coupable de la plus infâme trahison ? Lisons cette proclamation qui défend de faire aucune opération en
masse et ordonne de se tenir seulement sur la dé-
fensive ; cependant les révoltés étaient aux portes du
Cap, les commissaires avaient amené six mille hommes,
ils avaient été précédés par un pareil nombre ; ces
forces étaient bien imposantes ; d'ailleurs les habitans
demandaient à faire une sortie ; la volonté suprême
du dictateur paralisa tout. Il ne disconvient pas de
la défense qu'il a faite par sa proclamation, mais il
soutient que la garnison du Cap était trop faible, et
qu'il ne s'était présenté que quinze hommes de bonne
volonté. Elle était trop faible, parce qu'on avait
disséminé les six mille hommes. Quoi ! sur un fait
aussi intéressant, il n'aurait pas été à propos d'entendre des témoins, d'écouter les militaires. La défense
de sortir est bien certaine ; le motif n'en est pas par-
faitement connu. Sonthonax convient encore avoir
seulement ordonné au commandant des forces maritimes, de ne laisser partir aucun bâtiment de l'état,
parce qu'il avait le droit de diriger à sa volonté les forces de terre et de mer. Les troupes ont été disséminées
sur des endroits mal sains, on les y a laissés périr. Cependant, l'accusé dit qu'il n'est point responsable
des mauvais placemens ni déplacemens de la troupe.

Quoi ! il a le droit de diriger à volonté les forces
de terre et de mer ; quoi ! il connaît le danger des
mauvais placemens, et il ne les prévient pas ! et il
ne répare pas une si funeste erreur ! et il ne donne
pas un ordre précis pour assurer un meilleur service !
Est-il donc nécessaire de réunir en ses mains tous les
pouvoirs, si on ne sait pas, si on ne veut pas en faire
usage ? Est-ce donc ainsi qu'on laisse périr de misere les défenseurs de la patrie ? Les vivres qu'on leur
distribuait dans les camps et sur les bâtimens, étaient

de mauvaise qualité ; on n'eut aucun égard à l'adresse présentée par le 2ᵉ bataillon du 84ᵉ régiment, ni aux plaintes portées par les autorités constituées. Le vin n'était qu'une mixtion de bois de campêche et de litarge. On avait découvert du poison dans les boissons destinées aux militaires de terre et de mer, servant contre les révoltés. Ces faits avaient été dénoncés aux commissaires par la municipalité du Cap. A tout cela, que répond *Sonthonax* ? Il ne disconvient pas des faits, appuyés d'ailleurs de pieces authentiques ; mais il croit se disculper, en disant que sur les plaintes qui sont parvenues jusqu'à lui, touchant la mauvaise qualité des vivres, il en a changé les préposés, ceux des magasins de l'état, et placé des contrôleurs, d'où il conclut qu'il a rempli son devoir de surveillance. Il a rempli son devoir ! On empoisonne les vivres ; on fait périr de la maniere la plus atroce nos plus braves soldats, et le dictateur trouve au-dessous de lui de constater les faits ! Il se contente de déplacer les employés, sans faire le procès aux délinquans ! Il est sourd à toutes les réclamations sur la mauvaise tenue des hôpitaux ! Il se contente de renvoyer les entrepreneurs infideles et de les remplacer par une régie ! Certes, voilà des commissaires bien occupés de rétablir l'ordre et d'assurer la prospérité publique.

Mais ce n'était pas assez de les dévouer à la mort par tous les moyens perfides qu'on employait, il fallait encore les laisser manquer de tout, les priver de leur solde. Il est bien remarquable que Sonthonax ne désavoue rien, mais il prétend toujours se disculper en soutenant que les fonds à sa disposition étaient insuffisans. Cependant, la France lui avait fait passer 1,600,000 livres. Les commissaires avaient levés des taxes pendant leur administration, il a été tiré pour 22 millions de lettres-de-change sur la trésorerie nationale, et l'on avait perçu la subvention du quart des revenus. Le rapporteur croira-t-il nous avoir suffisamment instruit, avoir complettement acquitté Sonthonax, s'il ne nous parle point de l'emploi de ces

B 2

sommes ; s'il n'en a point examiné les comptes ; si même ils n'ont pas été produits parmi les cent mille pieces qui ont fixé l'attention de la commission ? Peut être celle-ci eut-elle mérité de figurer dans le rapport, n'eût-elle servi qu'à nous expliquer la raison pour laquelle, officiers et soldats, n'ont touché que 400,000 livres, d'après la déclaration de l'accusé, et rien de plus sur leur solde.

Le cinquieme chef d'accusation m'a paru présenter un grand intérêt ; on reproche aux commissaires d'avoir organisé la guerre civile à Saint-Domingue. La guerre civile ! le génie malfaisant qui enfanta la Vendée, aurait-il traversé les mers pour y renouveler ses attentats ?

La proclamation du 12 octobre 1792, enjoint aux communes, immédiatement après l'installation des municipalités constitutionnelles, de former un vœu pour accélérer ou différer les assemblées primaires, soit pour former l'assemblée coloniale, soit pour nommer des députés à la Convention.

Ou la loi autorisait les assemblées primaires à former ces assemblées, à envoyer des députés, ou elle ne les y autorisait pas. Dans l'un ou l'autre cas, pouvait-il y avoir lieu à délibérer ? Voulait-on leur accorder un droit qu'elles n'avaient pas ? Voulait-on les priver de celui que la loi leur donnait ? Ne cherchait-on pas plutôt à amener des divisions et des troubles ? La chose paraît au moins probable. Les assemblées primaires s'étaient formées, avaient nommé des municipalités constitutionnelles. De quoi se meloient donc les commissaires civils ? Les assemblées primaires, en se conformant strictement aux lois, ne sont-elles pas indépendantes ? Les commissaires pouvaient-ils les gêner dans leurs fonctions ? pouvaient-ils leur prescrire des lois, tant qu'elles ne s'écartaient pas de celles qui étaient consacrées par l'Assemblée nationale ? Au reste, qu'eût été l'autorité de l'Assemblée nationale au yeux d'un dictateur ? Nous allons le voir dans la proclamation rédigée et avouée de Sonthonax, ainsi qu'il s'en explique aux débats.

Si l'Assemblée nationale changeait quelque chose au régime colonial, fixé par les lois de l'Assemblée constituante, relativement à l'esclavage des noirs, il déclare qu'il ne se rendra jamais l'exécuteur d'une pareille injustice, qu'il s'y opposera de toutes ses forces !

D'après un pareil aveu, que penser de Sonthonax ? ou qu'il est le plus fourbe de tous les hommes, ou le moins disposé à reconnaître la loi, à la faire exécuter. Et Sonthonax obtiendra votre confiance ; et vous lui confierez l'exécution des lois, parce qu'il convient que cette déclaration était au-dessous de son caractere, qu'il oublia en ce moment ce qu'il devait à lui-même, à la république, pour ne songer qu'au salut de la ville du Cap. Vous l'en croirez, sans doute sur sa parole, ce délégué qui, en s'oubliant lui-même, oublie aussi la république ! Ah, il n'est que trop vrai qu'il l'a constamment oubliée, ainsi que ses devoirs ! L'on verra bientôt quels efforts il a fait pour sauver le Cap et toute la Colonie. Il débute par envoyer 300 hommes armés à Jérémie pour y tenir garnison, quoiqu'il y eût dans cette place 600 negres esclaves sous les armes, qui reçurent à coup de canon et de fusil les arrivans. Telle est du moins la version de Sonthonax. Mais je le demande : envoyer 300 hommes pour prendre possession d'une commune gardée par ses habitans et 600 negres à leurs ordres, n'est-ce pas compromettre l'autorité ? n'est-ce pas exposer un si foible détachement ? n'est-ce pas suggérer à un corps plus nombreux du double, armé de fusils et de canons, l'envie de résister ? n'est-ce pas enfin, une organisation préméditée de guerre civile ? Sonthonax fait attaquer Jérémie par une force armée, il a incontestablement provoqué la guerre civile. Mais Sonthonax, dont on peut bien suspecter la véracité, d'après ce qu'il a déclaré lui-même au sujet de l'esclavage des noirs, n'est du tout point d'accord avec les accusateurs. Ceux-ci soutiennent que Jérémie n'avoit point cessé de correspondre avec les autori-

B 3

tés constituées , qu'elle ne s'est point insurgée contre
les hommes de couleur , mais qu'elle a été réduite
à combattre ces hommes insurgés contre elle , qu'elle
les a chassés , il est vrai , pour pourvoir à sa sureté , mais que leurs femmes , leurs enfans , ont été
mis sous la sauve-garde de la loi , par délibération
de la municipalité , rapportée page 172 du septieme
volume des Débats. Qu'au surplus Sonthonax avait
détaché contre Jérémie onze cens vingt-cinq hommes
de couleurs , et non pas 300 , comme il l'a avancé.
Que Jérémie crut pourvoir à sa sureté , en leur fer-
mant ses portes. Ici , Sonthonax passe condamnation
sur le nombre , mais il reproche à Jérémie de s'être
livrée aux Anglais , et qu'il voulait y mettre garnison
pour prévenir cette démarche des contre-révolution-
naires. Les accusateurs répliquent que Jérémie , placée entre les poignards des assassins et les torches
des incendiaires , avait accepté la protection d'une
puissance étrangere , pour éviter d'être livrée au fer
et aux flammes , et se conserver à la France avec ses
propriétés.

Etait-il bien prudent de livrer au désespoir une
commune en présence d'un ennemi qui lui offrait sa
protection ? Etait-il bien prudent d'attaquer de vive
force avec 1125 hommes de couleur , qui avaient de
grands ressentimens , une commune qui prétendait
aussi avoir à se plaindre de ces hommes de couleur ?
Au lieu de la pousser à bout , n'eût-il pas mieux
valu concilier les deux partis , si la conciliation eût
réellement entré dans les vues des commissaires ?

C'est à cette époque que les commissaires desti-
tuent le général Galbaud , pour faits graves , disent-
ils , dont il ne paraît pas qu'ils ayent jamais rendu
compte. Mais la destitution d'un gouverneur était-
elle bien à leur pouvoir ? Etait-elle bien politique ,
au moment où l'ennemi était à la porte ? Etait-elle
juste ? Ce fait intéressant particulierement Galbaud ,
je n'en dirai rien.

V. Chef. Dans le même tems et toujours en présence
de l'ennemi , les commissaires sont accusés d'avoir ca-

nonné la ville du Port-au-Prince, et incendié celle du Cap.

En effet, les commissaires requierent quatorze paroisses pour marcher sur le Port-au-Prince. Voilà donc une grande masse de citoyens armés les uns contre les autres, commandés par les commissaires civils! voilà donc la guerre civile complettement organisée! Les accusateurs prétendent que tout était calme au Port-au-Prince, l'accusé soutient que cette cité avait long-tems feint d'être patriote, mais qu'après le départ de Polverel, elle avait jeté le masque, s'était, comme les autres communes, montrée l'ennemie de la métropole et de ses principes; qu'elle avait fait avec les paroisses de l'Ouest une ligue fédérative, pour délibérer sur les changemens arrivés en France, à la suite de la journée du 10 août, et sur une organisation uniforme pour toutes les parties de l'Ouest, et faire regner l'union la plus parfaite entre tous les hommes libres. Polverel ayant appris cette résolution par la voie des journaux, défendit la réunion de cette assemblée fédérative qui ne pouvait être que contraire aux intérêts de la France. Les *factieux* voyant que leur plan avait manqué, firent soulever les negres de la Croix-des-Bouquets, pour en prendre le prétexte d'accuser la société des amis des noirs.

Ainsi donc, le prétendu fédéralisme a été le prétexte de la guerre civile, de la canonnade du Port-au-Prince ainsi que de l'accusation formée ou à former contre la société des amis des noirs! Eh bien, Grégoire! vous seriez-vous douté, vous membre de cette société, d'avoir entré pour quelque chose dans les motifs de cette philantropique canonnade? Les Colons auraient-ils eu tort de ne pas vous regarder tout-à-fait étranger dans cette malheureuse affaire? Blâmerez-vous encore la faiblesse qu'ils ont eu de proposer ce moyen de récusation à votre égard?

Au surplus, Sonthonax soutient que le Port-au-Prince était rempli de factieux, qu'ils voulaient se douer de joug des autorités constituées, et se livrer aux Anglais qui venaient de déclarer la guerre à la

France ; qu'il n'avait à prendre avec ces habitans que les moyens diplomatiques ou ceux de la force ouverte. Les moyens diplomatiques ne pouvaient être employé au moment où il fallait combattre l'étranger. Il fit donc la proclamation du 21 mars.

Il me paraît évident, d'après l'exposé même de Sonthonax, que les habitans du Port-au-Prince avaient trouvé insuportable le joug des autorités constituées. Les Français sous le régime de la liberté, sont-ils donc encore sous le joug ? Ces deux mots sont-ils bien compatibles ? Quel est donc le Français qui pourrait, sur-tout depuis la révolution, soutenir l'idée de passer sous le joug d'un tyran, d'un incendiaire, d'un *Sonthonax* enfin ! Certes, c'est sa propre querelle qu'il a prétendu venger; car, dans un moment de franchise et de bonne foi, il l'avait déclaré dans une pièce consignée aux débats et commençant par ces mots : *Le patriotisme le plus pur règne au Port-au-Prince* etc. On conçoit aisément qu'un tyran courroucé, extrême dans ses passions, atroce dans ses vengeances, n'a pas recours aux moyens diplomatiques; la guerre, la guerre civile, la guerre d'extermination, voilà ceux dont il sait faire usage. Il ferme l'oreille à toutes les voies de conciliation, à toutes propositions de paix. Il attaque en présence de l'ennemi commun, ses propres freres égarés ou non, qu'il lui eût été si facile, qu'il eût dû lui parraître si doux de ramener aux vrais principes. Sachant donc qu'on avait résolu d'assassiner son collègue Polvezel, allégation dont la preuve judiciaire et complette devenait si importante, puisqu'elle fournissait le prétexte des plus extraordinaires et des plus cruels événemens, il entre en force dans la rade du Port-au-Prince, aussitôt Lassalle, dénonciateur du prétendu complot d'assasiner Polverel, se présente devant la place à la tête de sa troupe ; l'entrée lui est refusée. Après avoir employé tous les moyens de douceur, on tire sur les forts et sur la ville, les *factieux* furent épouvantés ; ils demeurerent presque seuls le 13, et le lendemain ils s'enfuirent, la pluspart chargés d'argent

et de lettres de change. Ils abandonnerent la ville
à sa discretion. Tel est le rapport officiel du vainqueur.
Mais sans prétendre secouer le joug des autorités
constituées, ne serait-il point permis de suspecter des
rapports de ce genre? Les témoins oculaires, les
marchands forains, les marins ne pouvaient-ils point
être entendus? La commission ne l'a pas jugé nécessaire. Au moins, à leur défaut, écoutons les victimes
et sachons apprécier les contradictions.

Les Colons soutiennent que tous les hommes libres
étaient depuis plus de 3 mois dans la plus parfaite
union, au Port-Au-Prince. Les hommes de couleur
étaient admis dans tous les corps, suivant plusieurs
pieces citées page 291 tome 7 des débats. Il s'éleva
disent-ils alors, une insurrection au Cul-de-sac. Le
Port-au-Prince fournit 1500 hommes pour en arrêter les suites, et invita les autres communes de
l'Ouest, à en faire autant. Plusieurs envoyerent des
détachemens composés d'hommes de couleur et de
blancs. Ils concoururent efficacement au rétablissement
de l'ordre à la Croix-des-Bouquets. Jamais le Port-
au-Prince n'a voulu soulever Jacmel contre la métropole; il a employé au contraire tous les moyens
possibles pour la ramener à l'ordre lors de sa révolte.
Il n'a point convoqué une fédération pour délibérer
sur la journée du 10 août, mais pour ramener tous
les esprits au milieu d'une fête générale. Polverel loin
de regarder cette démarche comme criminelle, l'a
formellement aprouvée par une proclamation du 11
janvier 1792, page 303 tome 7, et regrettait de ne
pouvoir pas s'y trouver lui-même....

L'accusé dit qu'il y avait un double plan, celui
de la fête approuvé par Polverel, et celui d'une
ligue fédérative qu'il a défendue après sa proclamation,
et il n'y eût ni fête ni fédération. Certes cet aveu de
Sonthonax, prouverait évidemment qu'il n'était pas si
difficile de faire entendre raison aux habitans du Port-
au-Prince; qu'ils savaient même respecter les autorités constituées, quoiqu'effarouchés de leur joug.
Mais les Colons crient ici à l'imposture, puisqu'il
est certain que la fête a eu lieu. Ce dissentiment

prouve au moins la nécessité d'entendre les témoins, si l'on veut juger sainement, d'allégations aussi contradictoires, du oui ou du non : et s'il y a imposture de part ou d'autre, comme on n'en peut pas douter, comment ajouter foi à des imposteurs. Le silence de Sonthonax sur cette désagréable apostrophe ne laisse-t-il pas présumer qu'il faut, en l'écoutant, l'en croire avec quelque précaution, et non sur simple parole ? Il convient d'éclaircir le fait relatif aux mépris des autorités constituées. Des militaires de Provence, d'Artois, et autres, avaient obtenu la permission d'aller en députation vers Rochambeau leur général, pour demander le même traitement que celui accordé à leurs frères d'armes arrivés de France avec Polverel et Sonthonax. Ils avaient à cet effet obtenu un congé de Lassalle ; à peine arrivés au Cap ils sont arrêtés et embarqués pour France. Les corps à qui ils appartenaient, indignés de cette violation des droits les plus sacrés, d'un acte aussi arbitraire, aussi despotique, cherchèrent Picquenard secrétaire de la commission civile, qu'ils soupçonnaient d'avoir fait donner cet ordre inique. Picquenard ne fut point arrêté comme l'a avancé Sonthonax, il se réfugia sur la frégate l'Astrée ; l'on remarque d'abord cette nouvelle imposture. Mais pour toute justification, Sonthonax dit qu'au moins on a forcé à fuir le secrétaire de la commission ; que ceux qui l'avaient fait, s'étaient déclarés en révolte contre l'autorité nationale, qui avait bien le droit de faire embarquer quatre soldats lorsqu'elle le jugeait convenable pour le salut commun.

Est-il donc bien vrai qu'il y ait eu révolte contre l'autorité nationale, parceque la troupe mécontente, a réduit à la fuite le secrétaire de la commission civile ? Est-il bien vrai que cette commission eût le droit de déporter *ipso facto*, quatre défenseurs de la patrie, par la seule raison qu'elle le jugeait convenable ? La nation indignée ordonnera-t-elle le bombardement par terre et par mer d'une ville, d'où le secrétaire de Sonthonax et de la commission a été forcé de s'échapper ? je doute fort que la nation approuve une conduite aussi imprudente en présence de l'ennemi; une conduite qui a eu de si funestes résultats? Je doute fort que le peuple français qui a proclamé la doctrine de l'égalité, approuve cette différence humiliante, que les délégués du pouvoir exécutif ont introduit dans les traitemens des différens corps qui devaient défendre la colonie. Etait-il un plus sûr moyen d'exciter des jalousies, des réclamations, un soulèvement peut-être? Quoi, au moment de combattre des ennemis extérieurs, déjà trop redoutables, au moment de contenir des révoltés, des brigands, reconnus pour tels par les commissaires, ils s'avisent d'autoriser des traitemens différens pour la troupe; ils se permettent de déporter 4 hommes chargés par leurs corps respectifs de faire à cet égard des représentations à leur général, et munis à cet effet d'un congé du commandant Lassalle. Y eût-il jamais un abus d'autorité plus révoltant? Y en eût-il de plus funeste? Ah! certes, il y a ici révolte, il y a conspiration ainsi que je l'ai toujours avancé, mais c'est de la part des commissaires qui ont violé avec autant d'impudence tous les principes, qui ont assassiné dans leurs foyers des habitans paisibles, et qui ont compromis les intérêts de la république, au point de livrer aux Anglais nos plus riches possessions, qu'ils n'auraient jamais envahies si l'on n'eût pas suscité des troubles sous les prétextes les plus frivoles; si on eût su ménager 12,000 hommes de troupe réglée, les payer, leur fournir des vivres de bonne qualité, les soigner dans les hôpitaux, rechercher et punir les empoisonneurs, si on ne les eût pas disséminés, enchaînés, désarmés et déportés. Tant de forfaits ne prouvent que trop la profonde scélératesse d'une trame ourdie dans le secret, suivie avec autant de constance que de perfidie, par des agens qui sous le masque de la philantropie, ont destitué arbitrairement, et parce qu'elles le jugeaient convenable, toutes les autorités, concentré dans leurs mains tous les pouvoirs, pour piller, exterminer tout à leur aise et sans rencontrer d'opposition.

C'est donc uniquement pour venger sa propre querelle, et parce que le Port-au-Prince a fermé ses portes aux délégués de la république, qu'ils ont canonné cette ville infortunée. Voilà des faits précis, incontestables; des aveux sans réplique. Le bombardement d'une ville française par des Français, suivi de la déportation d'un grand nombre de ses habitans, et d'une contribution qui doit être fournie sous trois jours.

La déportation, et Sonthonax en convient, s'est étendue sur les soldats des régimens d'Artois de Normandie, des canonniers de la garde nationale, qui avaient tiré sur les bâtimens de la république; il observe que les soldats n'ont été déportés qu'après que le conseil de discipline de ces régimens les a présentés comme les plus mauvais sujets de leur corps, et que les particuliers n'ont été déportés que sur une liste fournie par la municipalité elle-même, à l'instant où il venait d'entrer de vive-force dans la ville révoltée qui avait tiré sur les vaisseaux de l'état; qu'il peut avoir commis des *erreurs*, et avoir ordonné l'embarquement pour France de personnes *qui ne le méritaient pas*; qu'on ne peut le condamner, puisqu'il s'est contenté de les envoyer en France prendre des leçons de liberté; tandis qu'il aurait pu les livrer à une commission militaire qu'il était en droit d'établir dans une ville séditieuse, qui avait combattu les délégués de la république.

Quoi! des erreurs, en fait de déportation! Quoi! arracher des citoyens de leurs foyers, à leurs épouses, à leurs enfans, à leur affaires; pour aller à 1800 lieues prendre des leçons de liberté, tandis que les Anglais prétendaient asservir la colonie à leur domination! Y eût-il jamais un plus étrange abus du mot sacré de liberté. Les habitans qui avaient voulu recevoir Sonthonax, et non l'armée qu'il commandait, qui lui avaient inutilement envoyé plusieurs députations avant le siege, étaient coupables ou ne l'étaient pas. C'était une affaire à juger: mais que le vainqueur, que la partie qui se dit outragée se fasse justice elle-même, sans autre forme de procès; qu'elle se pardonne des erreurs en pareil cas, c'est incontestablement détruire tout principe de justice. On pourrait hésiter sur la compétence d'une commission militaire, vis-à-vis des citoyens assiégés dans leurs maisons; au moins encore aurait-on conservé quelque simulacre de tribunal. Mais que Sonthonax de sa pleine puissance et autorité dictatoriale, déporte à tort ou raison, y eût-il jamais tyrannie plus manifeste?

Détournons nos regard de tant d'horreurs, pour les fixer un moment sur la ville du Cap. Nous y verrons arriver le général Galband, prenant connaissance de la situation de la colonie, de l'état des magasins, de la force de l'armée, du régime des hôpitaux. Il reçoit une pétition des détenus du Port-au-Prince, qui se plaignaient d'être dénués de vêtemens, de vivres, d'être réduits à boire de l'eau corrompue, à manger du biscuit gâté. La terreur qu'inspirent tous les tyrans était si grande, que les parens, les amis des accusés n'osaient leur faire passer des secours, pas même répondre à leurs billets. D'un autre côté la troupe campée dans des endroits mal-sains était sans habits, sans bas, sans souliers; elle ne touchait point sa solde. Il arrêta avec l'état-major que sur les 1,100,000 apportées de France par la Concorde, on en prendrait 450,000. Il convoqua une assemblée où se trouva la commission intermédiaire, la marine de l'état et du commerce, les officiers de l'administration, l'ordonnateur civil et la municipalité. L'assemblée décida qu'on demanderait aux marchands de venir aux secours des troupes de ligne, des réfugiés sans ressources, des malades entassés dans les hôpitaux. Un pareil début était propre sans doute à inspirer de la confiance, à ranimer les troupes, à consoler les malheureux, à arrêter la mortalité, occasionnée soit par un mauvais régime, soit même par des poisons préparés. Aussi Galbaud fut-il regardé comme un ange tutélaire. Les esprits se réunirent autour de lui; tel fut, tel sera toujours l'ascendant de la justice et de la bienfaisance. 44 capitaines des états unis présentèrent à Galbaud une petition pour lui représenter combien était désastreux pour eux, pour la république, le séjour forcé de leurs bâtimens dans la colonie. Retenus par la seule volonté de Polvérel et Sonthonax, ils demandaient à être payés en denrées coloniales, pour les fournitures qu'ils avaient faites. Galbaud convoque une assemblée des différentes autorités qui se trouvaient sur les lieux ; les commissaires en étaient à 70 lieues. On statua de gré à gré sur les réclamations des capitaines américains ; on en prévint la commission, qui déclara qu'elle allait se rendre au Cap, et que l'embargo ne serait levé qu'à leur retour. Les marins indignés de voir que les corsaires s'emparaient à la vue du Cap de tout ce qui voulait entrer ou sortir, se plaignirent hautement de ce qu'on ne voulait pas leur permettre de courir sus. Ils s'indignaient encore de voir l'état affreux des prisonniers précipités à fond de cale, par ordre des commissaires ; la plupart étaient malades, la contagion gagnait chaque jour.

On fit descendre 31 personnes, dont plusieurs moururent quelques jours après ; tout était donc dans la plus grande confusion. Enfin Polverel et Sonthonax arrivent au Cap, suivis de 60 mulets chargés de deux malles chacun. Ils déclarent qu'ils viennent de purger la partie de l'Ouest des factieux, des indépendans, des aristocrates, des salariés, des princes d'Italie et de Coblentz ; qu'ils ne reconnaissent comme vrai peuple de Saint-Domingue que les hommes de couleur. Ils reçoivent la visite de Galbaud et des officiers de l'armée. Mais un homme qui avait commencé par pourvoir aux besoins de la troupe, par soustraire pour ce service 450,000 à la rapacité de ceux qui traînaient à leur suite tant de mulets chargés, lorsque la colonie manquait de tout, était surement dans la classe des suspects, un homme incivique ; et quoique autorité constituée, envoyée par la Métropole, Sonthonax lui adresse de suite une proclamation, portant sa destitution, et injonction de se rendre à bord du vaisseau la Normande. Toute communication extérieure lui est interdite. Peut-on violer avec plus d'impudence et les droits du peuple français et ceux du citoyen? Y eût-il jamais de formes plus acerbes? Différens désordres se commettent dans la ville du Cap; l'anarchie y était complette; on égorgeait partiellement. Polverel et Sonthonax n'écouterent aucune plainte ou ne firent droit sur aucune. Mais le 19 juin ils firent une proclamation qui déclarait criminels de leze-nation les marins qui seraient trouvés à terre après sept heures du soir. Criminels de leze-nation, grands Dieux! les marins qui à 7 heures du soir ne seraient pas à leur bord! et dans quel code a-t-on puisé une pareille loi? Quoi! un défenseur de la patrie, un marin si utile, si difficile à former sera criminel de leze-nation, pour ne s'être pas rendu à l'heure indiquée; il serait assujetti à une loi aussi barbare, qui ne lui aurait pas été transmise par ses officiers! et Sonthonax prétend devenir législateur du peuple français! ce n'était donc pas assez pour lui d'avoir usurpé dans une première mission les fonctions législatives. On le verrait siéger dans l'auguste sénat, venir donner à tous les citoyens un cours public, et des leçons de liberté; on le verrait encore désoler la France après avoir ruiné ses colonies! Quel homme ne se soulève pas à une pareille idée?

Les équipages à cette nouvelle ne jettent qu'un cri: Il faut embarquer Polverel et Sonthonax. On se rend auprès de Galbaud qu'une conduite toute opposée avait investi de la confiance générale. On le proclame le libérateur de Saint-Domingue contre la tyrannie des commissaires civils. Il se refuse d'abord à prêter son ministère, et termine par se rendre à tant d'instances réitérées. Il met en liberté les déportés, à l'exception de ceux qui étaient détenus pour crime. Le combat s'engage; d'une part on fait prisonnier le frere du général Galbaud, de l'autre le fils de Polverel.

Les commissaires civils vont ouvrir les prisons pour fortifier leur parti. Ils s'entourent de tous ceux que l'espoir du butin, la soif du pillage, du crime, de la débauche, l'amour du sang et du meurtre avaient rassemblé autour d'eux ; de l'autre côté on voyait ceux qu'avaient ralliés auprès de Galbaud l'intérêt de la patrie, l'ordre, la justice, la raison, l'humanité, le devoir, les lois et l'amour du bien public. Les commissaires civils furent réduits à prendre la fuite, donnant l'ordre barbare de mettre le feu par tout. *Une prudente circouspection* n'a pas permis de prononcer le nom de *Dufay*, qu'on assure avoir fait cette proclamation ; ni d'entendre à cet égard, comme sur tant d'autres aucune déposition. Dans un instant la ville fut à feu et à sang ; les femmes, les enfans, les vieillards furent ou brûlés, ou passés au fil de l'épée. Ce fut à cette occasion que les commissaires rendirent la fameuse proclamation du 21 juin 1793, par laquelle ils donnaient la liberté à tous les nègres qui prendraient les armes, et promettaient d'améliorer le sort des autres. L'incendie fut tellement l'ouvrage de ceux qui se gorgeaient de sang et de butin, que Lassalle rendit une proclamation contre ceux qui continueraient de piller et d'incendier.

Sonthonax pour se laver de cette horrible inculpation, dont ses actes philantropiques, ni la liberté générale des noirs, ni l'affranchissement du peuple des Antilles, ne pourrait couvrir l'odieux, dit que la province de l'Ouest était pacifiée lors de l'arrivée du général Galbaud.

On n'a surement pas perdu de vue la pacification du Port-au-Prince.

Galbaud contre le vœu de ses instructions, qui en déléguaient le droit aux commissaires, s'est fait installer par la commission intermédiaire. Il a sonné le tocsin sur les besoins de Saint-Domingue ; et pris des mesures extraordinaires pour fournir les magasins de la république, dont on pouvait réparer le dénument avec les seuls revenus provenant des habitations sequestrées. Il méconnaissait l'autorité des

.commissaires

commissaires civils et accueillait tous leurs ennemis ; ils destituèrent César-Galbaud à cause de ses déclamations perpétuelles contre la république, la convention et les ministres ; et son frere, le général Galbaud, parce qu'il voulait se faire un parti, et qu'il était propriétaire à Saint-Domingue, la loi ne lui permettant pas d'y occuper le commandement. Les deux Galbaud se rendirent à bord de la Normande, mais bientôt l'ex-général reprit son titre ; les vaisseaux s'embossèrent contre la ville ; 3,000 matelots descendirent à terre avec un canon, marchant contre le gouvernement, défendu par 50 hommes de garde, qui sans s'épouvanter couchent par terre une grande partie de leurs ennemis, font prisonniers Galbaud, cadet, et plusieurs officiers de marine. Ce succès donna aux hommes de couleur le tems de se réunir ; ils se rassemblent et forcent les marins de se rembarquer. L'arsenal seul resta au pouvoir de Galbaud. Sur les bords de la mer les hommes de couleur coururent les plus grands dangers ; la garde nationale blanche faisait sur eux un feu terrible par les fenêtres. Pendant la nuit les matelots restés à l'arsenal se répandirent dans la ville, enfoncèrent et pillèrent les magasins de bijouterie, d'horlogerie. Le lendemain, les marins vinrent en plus grand nombre ; ils criblèrent de bombes et de boulets le gouvernement : c'est alors que les commissaires se retirèrent au Haut-du-Cap. Dès qu'ils furent hors les barrieres, des matelots commencèrent à incendier le quartier des hommes du 4 avril. Galbaud bombarda la ville ; en un instant elle devint la proie des flammes. Arrivés au Haut-du-Cap, les commissaires y trouvèrent diverses troupes d'esclaves insurgés, qui depuis un mois avaient quitté les couleurs royales pour prendre celles de la république. Ils leurs promirent la liberté s'ils voulaient prendre les armes pour la nation ; ce qu'ils acceptèrent. Le 24 et 25, Galbaud, d'accord avec les officiers de la marine, appareilla avec la flotte et le convoi, pour la nouvelle Angleterre. Galbaud fit offrir en partant le fils de

C

Polverel en échange avec son frere ; mais Polverel fit taire la voix de la nature, et répondit que son fils était innocent et Galbaud coupable ; il n'y avait aucune comparaison entre ces deux hommes.

Il me semble bien étonnant qu'avec tant de moyens de réparer le dénuement absolu où se trouvait Saint-Domingue, Sonthonax, qui en convient, n'ait pas su y apporter remede, ni tranquilliser les esprits par l'espoir d'un meilleur avenir. Il ne paraîtra pas moins étonnant qu'une garde de 50 hommes, assaillie par 3000 matelots, hommes difficiles à intimider, ayant un canon avec eux ; que ces hommes ayent néanmoins couchés par terre un grand nombre de leurs ennemis, et fait prisonnier Galbaud cadet, qui les commandait. Ce que l'on aura peine à croire, c'est que les magasins de bijouterie, d'horlogerie ayent été pillés par les matelots pendant la nuit, et que les incendiés se soient retirés sur la flotte, qui, en bombardant la ville, l'avait livrée aux flammes. On sera peut-être encore surpris de voir en ce moment se réunir auprès des commissaires diverses troupes d'esclaves insurgés, reconnus bandits depuis long-tems ; mais qui par une heureuse et subite conversion, avaient quitté les couleurs royales depuis un mois, pour prendre celles de la république.

Ne pourrait-on pas élever quelques doutes sur la fidélité de cet exposé de la part d'un homme convaincu précédemment d'imposture ? Imaginera-t-on que ce concours de brigands révoltés, ait été produit par un pur hasard, qu'il n'ait point été produit par quelque pacte ? Que la promesse du pillage n'ait point été une des conditions secrettes du traité ; que le républicanisme de ces nouveaux champions soit même en ce moment bien affermi ; enfin, que la liberté qui leur a été accordée en masse par des commissaires fugitifs, soit un acte bien réfléchie d'une philantropie désintéressée.

Le procès-verbal des hommes de mer et canonniers employés sur les vaisseaux de la république et sur les navires du commerce, rapporté page 55 du tome

8., accuse Polverel et Sonthonax d'être les auteurs de l'incendie du Cap. Et si les accusés prétendent écarter l'effet naturel d'une piece aussi importante, n'était-il pas au moins bien naturel d'entendre ces témoins oculaires, de les confronter ? Suffira-t-il donc d'une simple dénégation de la part de l'accusé pour opérer son entiere justification ?

Sonthonax, il est vrai, d'après l'extrait du journal du vaisseau l'*América*, assure que Galbaud a parcouru les vaisseaux de l'état, soulevé les gens de mer, engagé les matelots à descendre à terre pour assassiner les commissaires civils ; qu'ils ont pillé les magasins et la poudriere du Cap. Il ajoute, que Galbaud, avant de partir, a fait enclouer les canons placés dans les forts ; fait scier leurs affuts, et casser leurs tourillons. Après avoir essayé de prouver que l'incendie du Cap avait été provoquée et exécutée par Galbaud, il prétend que les commissaires civils ont fait tout ce qui était en eux pour l'empêcher. Ils donnerent ordre pour que tous les citoyens fussent dispersés sans violence, empêcherent les marins de descendre à terre crainte de rixes ; firent fermer les lieux où l'on vendait les liqueurs fortes, et ont fait tout ce qu'ils ont pu pour arrêter l'incendie ; qu'ils ont eux-même envoyé des chirurgiens à bord pour soigner chaque jour les malades qui s'y trouvaient. Il termine en déclarant que ceux qui l'accusent d'avoir incendié le Cap, sont eux-mêmes les auteurs de cet incendie.

Je ne puis me lasser de répéter ici qu'il était bien intéressant de constater, si un homme quelconque, ainsi qu'on l'a avoué, avait à haute voix fait des provocations d'incendie ; si cet homme était l'agent de Galbaud ou la créature de Sonthonax. Toute dissimulation à cet égard ne remplit pas le vœu de l'orateur romain, ne satisfait pas notre juste empressement à connaître la vérité, ne peut, dans aucun cas, paraître excusable.

On n'est pas tenté de croire, d'après les observations des accusateurs, que les Colons, les habitans ayent e

envie de brûler leurs propriétés, d'égorger leurs
femmes, leurs enfans, de se réduire eux-mêmes à la
mendicité. Il serait bien plus naturel de penser que
les ennemis des Colons ont seuls été les incendiaires;
que les commissaires ne se sont pas opposés à cet
horrible attentat; qu'ils ont même fait tout ce qui
était en eux pour le consommer, et que leur propre
déportation eût seule pu prévenir la plus exécrable
de toutes les calamités. Je conviens que l'on doit un
grand respect aux autorités constituées; mais les lois
de la nature, qu'aucune autre ne peut effacer, le
sentiment si juste de sa propre défense, ne permet-
tent-ils pas, ne prescrivent-ils pas même d'éteindre les
torches ardentes jusques dans les mains d'un magistrat suprême, d'un Néron, ou de tout autre, quel
qu'il puisse être, au moment où il se dispose d'incendier Rome. Fera-t-on un crime à celui qui aurait
le courage d'enlever un pareil monstre pour le livrer
aux tribunaux!

Galbaud enclouant les canons avant son départ,
que pouvait-il prétendre, sinon qu'on ne les tournât pas
contre les restes infortunés d'une race proscrite, qui
n'avaient pu se rendre à bord, où que l'escadre n'a-
vait pu recueillir? Quand on voit tous les négocians,
marchands, propriétaires, manufacturiers, artistes,
ouvriers, soldats et marins se rallier sous les ordres
de Galbaud, peut-on se persuader que Galbaud ait
incendié le Cap? Peut-on croire que tant de victimes
ayent cherché leur salut dans les bras de celui qui aurait consommé leur ruine d'une manière si atroce?
Pourrait-on croire que sur tant de milliers de citoyens
qui, dans un moment de trouble et de confusion,
se seraient désarmés, dépourvus du tout, mis à la
merci de leur bourreau tout-puissant, pouvant ense-
velir dans l'abyme des mers jusqu'à la trace des
plus noirs forfaits, pas un seul individu ne se soit
plaint de ses violences; que tous le proclament leur
libérateur; que tous, sur une flotte dont il dirigeait
les mouvemens, ayent été déposés sains et saufs,
après un long trajet, sur une terre hospitalière; que

3

tant de malheureux enfin, n'accusent de leurs désastres que les commissaires civils, s'ils avaient tout fait
pour les en garantir. Ah, sans doute, la France recon-
naissante et la postérité, décerneront, tôt ou tard,
des couronnes civiques à ceux qui ont sauvé la vie
à un si grand nombre de leurs freres ! Nous accor-
dons tous les jours des récompenses à ceux qui, par
un généreux dévouement, conservent à la société un
seul de ses membres ; et la société juste, éclairée,
pourrait méconnaître un si grand bienfait ? Certes,
la compagnie de l'incendiaire Galbaud me paraît bien
moins dangereuse que celle du philantrope et du
protecteur Sonthonax.

Environné de brigands, de negres révoltés, de
royalistes décidés, reconnus pour tels par lui-même
un mois avant cette cruelle catastrophe, de tout ce
que la géole renfermait de plus scélérat, croira-t-on
Sonthonax qui nous dit qu'il s'est entouré de tous les
amis de la République, de tous ceux qui ont préféré
de la servir, que de rester esclaves sous les conspira-
teurs qui détestaient la république et ses délégués?
Oh combien l'erreur serait ici funeste ! Combien elle
compromettrait la chose publique ! Galbaud, désigné
comme un traître, un incendiaire, sauve des milliers
de citoyens ; et des amis d'un mois, brigands
altérés jusqu'alors de sang et de carnage, armés pour
le pillage, des échapés de la géole qui ont juré d'exterminer la race des blancs, qui en sont à-peu-près
venus à bout, sont à votre sens les amis de la république, toujours prêts à la servir ! Ah! Sonthonax,
recrutez tant qu'il vous plaira parmi les nouveaux con-
vertis et jusques dans le bagne de Brest, mais ne prétendez pas que nous ayons jamais confiance en vous
ni en vos amis. On a remarqué que les flammes
avaient respecté le seul quartier dont l'incendiaire
Galbaud s'était rendu maître, et qu'elles avaient con-
sumé le reste sous la protection de Sonthonax,
que les habitans qui ont cherché leur salut vers ce dernier, ont tous été immolés ou précipités dans les prisons, que ceux qu'une meilleure étoile avait dirigés

C 3

vers Galbaud avaient été sauvés. Cette remarque
sans doute peut mériter quelque considération. Il
paraît même qu'après l'incendie du 21 juin, et le départ
de Galbaud et de la flotte, exécuté le 24 juin, Sonthonax a fait le 26 une proclamation portant peine de
mort contre ceux qui seraient trouvés pillant, massacrant, incendiant. Sans doute il faut un terme à tout;
et les chefs ont peu de part au butin, quand ils ne
savent pas arrêter à propos le pillage, et qu'ils laissent
tout consumer par les flammes. Mais la proclamation,
même postérieure au départ de la flotte, n'atteste-
t-elle pas que les pillards, les incendiaires, les égorgeurs étaient encore dans la ville du Cap? Certes,
il n'était plus au pouvoir de Sonthonax de mettre à
mort ceux que la prudence et la nécessité avaient
contraint d'abandonner le théâtre de tant d'horreurs.

Le huitieme chef renferme l'accusation portée contre Sonthonax d'avoir délégué le droit de vie et de
mort au commandant militaire du Cap.

Quelle plus effrayante commission militaire, que
celle d'un seul homme ayant sur les citoyens le droit
de vie et de mort. Que peut-on redouter de plus du
régime militaire et du plus cruel despote sur la terre
de la liberté?

Cette accusation paraît fondée sur les pouvoirs
donnés à Pinchinat, homme de couleur, par les
commissaires, pouvoirs écrits de la main de Pinchinat.
et certifiés par lui. 2° Sur les pouvoirs donnés à
Lavergne et à Galineau pour le Port-de-Paix, et à
Albert, secrétaire de Sonthonax, pour le Cul-de-Sac
et le Mirebalais. Je trouve une piéce bien authentique, bien concluante dans la proclamation du 26
juin de Polverel et Sonthonax; elle prouvera bien
évidemment la peine de mort; mais ce qu'il y a de
plus extraordinaire, c'est une nouvelle proclamation
du 24 juillet suivant qui étend la peine de mort aux
malheureux qui viendraient chercher dans les décombres de leurs maisons ce qui pourrait avoir échappé
aux flammes. sous prétexte que les propriétaires s'étant
rendus coupables de trahison envers la république,

leurs biens devaient lui appartenir. Gignioux, dentiste et commandant du Cap, était chargé de l'exécution, et de faire fusiller sur le champ. A cet effet, il a fait construire une jettée en planche sur le bord de la mer, où chaque jour il a fait fusiller tout ce qui pouvait lui déplaire, blancs ou hommes de couleur.

Sonthonax, pour se justifier, prétend qu'il avait le droit de déléguer des pouvoirs, puisqu'il ne pouvait les exercer tous par lui-même. Il nie d'en avoir donné d'illimités. Lavergne, selon lui, fut envoyé au Port-de-Paix, au sujet d'une insurrection de plusieurs citoyens qui demandaient à main armée la dissolution de la municipalité. Lavergne fit l'information ; sur son rapport, la municipalité fut cassée. Galineau-de-Gasc fut envoyé au Port-de-Paix pour appaiser de nouveaux troubles dont un des principaux fauteurs était François Laveaux. Ce colon, l'un des plus riches de la Colonie, avait, d'après Sonthonax, fait bâtir sur son habitation un fort, flanqué de murs entourés de fossés, garnis de 8 à 10 pièces de canon ; il avait enrôlé une armée composée de matelots déserteurs. Galineau était chargé de créer des compagnies franches, leurs pouvoirs n'étaient donc pas illimités ? Albert fut envoyé à la Croix-des-bouquets pour faire rentrer les noirs révoltés dans les ateliers, en leur lisant la proclamation des commissaires civils sur l'ordonnance de 1684. Quant aux pouvoirs délégués à Pinchinat, l'Etang et Rigand, Sonthonax prétend que ce n'est point son ouvrage, que cette allégation ne regarde que son collègue Polverel. Il répond que la proclamation du 26 juin qu'il a faite était pour arrêter le pillage et l'incendie que les africains continuaient dans la ville du Cap, et pour protéger la population blanche qui en était victime ; que ces mesures ont dû continuer tant que le désordre continuerait ; que le 24 juillet, il a fait une autre proclamation prononçant le sequestre et la mise à la disposition de la république des biens des absenss, et la peine de mort contre ceux qui tenteraient d'atten-

C 4

ter à ces propriétés. Il se dit autorisé par la loi du 25 août 1791 qui déclare que les biens des émigrés, des non-résidens dans les colonies françaises, seront mis à la disposition de l'administration des colonies. Il a donc proclamé que tout ce qui serait trouvé dans les décombres, appartiendrait à la république, parce que Galbaud et les siens ayant pillé les magasins, il n'y avait que cette mesure pour les remplir. Il n'a pas donné le droit de vie et de mort au commandant du Cap, parce que le droit de vie et de mort est celui de faire mourir un citoyen sans motif et à sa volonté, et que le commandant n'avait que le droit de faire exécuter la proclamation.

Ici échappent des aveux bien précieux, ils sont tous de la plus haute importance. Les africains le 26 juin incendiaient encore et victimaient les blancs. Les blancs n'étaient donc pas les incendiaires, mais bien les africains que Sonthonax avait armés, dont il avait formé sa garde prétorienne ; ce vrai peuple de St.-Domingue, ces francs républicains, ces amis brûlans de la métropole, pillaient, victimaient, incendiaient d'après l'aveu de Sonthonax, après le départ de la presque totalité des blancs. Et c'est l'usage qu'ils ont fait de leur liberté et des armes qu'on leur a confiées ! Tout en rejetant sur Polverel les pouvoirs délégués à Pinchinat, l'Etang et Rigault, il convient que le 24 juillet il a prononcé le séquestre des propriétés des absens pour remplir les magasins, avec peine de mort contre ceux qui attenteraient à ces propriétés. Mais comment ce nouveau législateur, ce législateur choisi pour siéger dans le sénat français, a-t-il pu porter une loi aussi barbare ? Comment s'est-il permis de la généraliser et de l'étendre à ces victimes infortunées qui, ne s'étant pas absentées, cherchaient à dérober aux flammes les tristes restes de leur antique fortune et à recouvrer le peu de ressource qui leur restait pour se soustraire à la mort, à laquelle ils n'avaient échappé que par de vrais prodiges ! La peine de mort contre des incendiés qui fouillent dans les ruines de leurs maisons en cendres, y eût-il jamais de plus profonde scélératesse ! Qui pourrait se méprendre sur ce nouveau genre de philosophie, sur cette sublime philantropie dont on nous fait un si pompeux et perfide étalage ; qui oserait sur le sol de la liberté faire l'application de principes aussi barbares aux infortunés qui ont perdu dans les flammes, leurs parens ; leurs épouses, leurs enfans et tous leurs biens ! Quoi ! Sonthonax déclare émigrés ceux dont il convient que les africains pillaient et incendiaient les maisons, ceux qui ne cessaient pas d'être leurs victimes, cinq mille habitans transplantés, non sur une terre contigue et sous la domination d'une puissance en guerre, non parmi les anglais, si voisins, si puissans, qui offraient des secours de toute espece, qui recueillaient avec tant de soin les mécontens, qui leur faisaient de si brillantes promesses, et qui avaient tant de moyens pour les réaliser, mais à 5 ou 600 lieues, au milieu de nos alliés, chez un peuple qui avant nous a proclamé et conquis la liberté.

Si jusqu'ici l'incendie a chez tous les peuples passé pour le plus exécrable de tous les forfaits, c'est que jusqu'à nos jours personne encore n'avoit outragé la nature au point de condamner à mort celui qui fouille dans les cendres de ses propriétés, pour en arracher ce que les flammes mêmes auraient épargné. Oh Erostrate, oh Néron, oh Carrier, que vous êtes loin de celui qui vous dépassa tous dans la carrière du crime !

En vain l'accusé prétend-il que dans les instructions données à l'inspecteur des fouilles, il y avait un articlequi indiquait la forme à suivre pour les propriétaires qui auraient à reclamer des objets de leurs maisons. Ces instructions, si elles ont existé, pourraient-elles demeurer secretes, soumises à l'arbitraire d'un homme plus ou moins cupide, plus ou moins sanguinaire ? Ne devaient-elles pas être consignées dans la proclamation ?

Huitieme chef d'accusation. Les commissaires ont ordonné dans tous les ports de St-Domingue de repousser à coup de canon les vaisseaux de l'état, sans distinction, quelques fussent leurs besoins.

Ici il convient de donner copie de deux pieces. L'une commence par ces mots : *D'après les ordres des commissaires civils.*

L'autre par ceux-ci : *Le traître Galbaud.*

L'accusé soutient que le texte est altéré et que la défense ne porte que sur les seuls bâtimens armés en guerre, sans généraliser, et cela attendu que Galbaud a enlevé les vaisseaux. Le secrétaire de la commission lit la proclamation de l'accusé sur ses registres, et déclare que celle qui a resté notifiée par Savari, et sur laquelle les accusateurs se fondent, contient une altération.

Les colons établissent que la frégate la Concorde qui n'était point sortie avec la flotte, a néanmoins été repoussée à coup de canon au Port-de-Paix, où elle allait pour faire de l'eau, dont son nombreux équipage manquait. Elle a été également accueilli au Môle.

Sonthonax convenant du fait, soutient que la Concorde avait été en insurrection dans la rade du Cap contre les commissaires. Il déclare que l'ordre donné par le gouverneur par intérim, Etienne Laveaux, ne peut être criminel, parce qu'il était de son devoir de mettre la ville en état de défense contre les incursions de la rade; il soutient que si l'ordre eût été exécuté par les officiers d'artillerie qui en étaient chargés, loin de mettre le feu à la flotte, ils l'eussent sauvée, parce que la première bordée tirée sur les bâtimens, aurait fait connaître aux marins la supériorité des forces de la ville sur les vaisseaux de la rade, alors ils auraient amené pavillon et se seraient rendus; la ville ni la flotte n'eussent été endommagés. Sonthonax ajoute que sa proclamation n'était dirigée que contre les vaisseaux emmenés par Galbaud. Que l'América resté dans la rade, n'a point été repoussé d'aucun port. Il ne croit pas qu'on puisse lui reprocher d'avoir repoussé les bâtimens emmenés par Galbaud, puisque les équipages s'étaient révoltés contre les commissaires, avaient enlevé les vivres des magasins, les poudres de l'arsenal.

Des ordres aussi rigoureux ont été donnés. Sonthonax justifie Etienne Lavaux et manifeste assez son intention de prendre d'un coup de filet toute la flotte, en la forçant de baisser pavillon, de se rendre maître de tout le convoi de Galbaud et des fugitifs; ce qui ne laisse aucun doute, c'est qu'au premier coup de canon à boulet tiré sur la ville, il était enjoint de faire usage des six mortiers et de faire le plus grand feu sur tous les vaisseaux de la rade, afin de brûler promptement les rebelles, principalement le Jupiter. (où se trouvait Galbaud) Quoi, parce que les vaisseaux auraient fait un mouvement, auraient tiré un seul boulet sur les incendiaires, il faut les brûler promptement et enlever dans un instant à la France, ses matelots si difficiles à former, dont on avait un si pressant besoin, ses vaisseaux, si coûteux à construire, que nous avons en si petit nombre et sacrifier des richesses immenses dans un moment où l'on manquait de tout soit en France soit dans la colonie ? Vingt mille hommes, deux cents bâtimens sacrifiés à la vengeance des commissaires; des commissaires qui avaient si imprudemment préparés, excités un soulevement, qui n'avaient employé aucuns moyens de rapprochement et de conciliation, qui, comme au Port-au-Prince, rejettaient tous les moyens diplomatiques, pour soumettre tout ce qui existait dans la colonie au joug de leur domination ! Et cette cruelle et dérisoire proclamation des commissaires en date du 24 uin que contient-elle ? « Le traître Galbaud après avoir réduit le Cap en cendres, va livrer à l'Anglais et à l'Espagnol les bâtimens du commerce et ceux de la république ». Que de calomnies atroces entassées les unes sur les autres ! Il est évident que Galbaud n'a pas incendié le Cap, que les incendiés se sont jettés dans ses bras, que maître de disposer à son gré des équipages, comme on le suppose, il pouvait avec 500 canons à sa disposition, foudroyer, incendier le Cap, chasser et poursuivre les commissaires. Il pouvait se réfugier chez l'Espagnol ou chez l'Anglais; il n'a rien fait de toutcela; mais Sercey encore plus que Galbaud, a sauvé par une sage manœuvre, les hommes, les navires, les vaisseaux de l'état et les richesses que l'ennemi convoitait depuis long-tems. Quel pouvait donc être le dessein des commissaires qui, le 24 ordonnent à tous les commandans, aux municipalités, aux militaires, à tous les citoyens, à peine d'être déclarés traîtres à la patrie, de repousser, détruire tous les bâtimens armés qui s'approcheraient à la portée du canon des ports, bayes et rades de la colonie, même pour besoins pressans, secours et rafraîchissemens quelconques.

Cet ordre barbare a-t-il besoin de commentaire ? Ne porte-t-il pas une disposition précise de détruire même un vaisseau échoué ; celui qui ferait signal de détresse ; celui qui manquant de tout ne demanderait qu'à faire aiguade. Détruire, exterminer, voilà le principe chéri, suivi avec constance, transmis par les commissaires. Aussi la Concorde se présentant pour faire de l'eau est repoussée à coup de canon. Pouvait-on lui supposer des vues hostiles ? Supérieure en forces, elle aurait fait sa provision à main armée ; inférieure qu'avait-on à redouter de sa part ! sa conservation était ce qu'on ne voulait pas.

Mais la perfidie n'a point de bornes, et elle se dévoile d'elle-même. Sonthonax écrit le 6 septembre 1793 à Genet, aux Etats-unis, qu'il n'a nul besoin des forces navales, et de les retenir aux Etats-unis avec les déportés et réfugiés. Treize jours après, c'est-à-dire le 19 septembre, les Anglais qui n'avaient plus ces forces à combattre, qui n'avaient pas encore mis le pied à Saint-Domingue, qui faisaient peu de cas des Africains, ces nouveaux soldats de la république, s'emparent de Jérémie avec un seul vaisseau de 50 canons. Sonthonax trahissait la France évidemment, puisqu'il convenait que le défaut de bâtimens de guerre l'exposait au plus grand danger, et que le cabotage était intercepté. Cependant les colons ne cessaient de demander qu'on les envoyât pour défendre leurs propriétés contre l'ennemi commun ; mais il effrayait moins les commissaires que le retour des colons ; et l'enlevement des caboteurs ne fit point changer le système si désastreux de retenir aux Etats-unis nos forces navales. Mais avait-on bien envie d'opposer à l'Anglais la moindre résistance ? Il est facile de le conjecturer par la singulière précaution que prirent les commissaires de désarmer les blancs, pour confier la défense de la colonie à la légion de l'Egalité, aux hommes de couleurs et aux Africains. Une proclamation du 21 avril 1793 défend à tout citoyen de la garde nationale d'avoir chez lui au-delà des munitions nécessaires pour garnir sa giberne. Celle du 27 Février 1794, rendue par Son-thonax seul, page 241, tome 8, ordonne le désar-mement de toute la garde nationale du Port-au-Prince, pour les livrer à la seule légion de l'Egalité, composée d'africains et d'hommes de couleur. Sa prévoyance va plus loin ; il force les capitaines du commerce à dégréer les navires, et à transporter à leurs frais les gouvernails dans les magazins de l'état, afin sans-doute que rien ne puisse échapper au vainqueur. Il existe à cet égard un rapport fait par les marins. Ces deux pieces sont citées dans les débats. Toutes les places civiles et militaires furent confiées aux hommes de couleur. D'après ces profondes combinaisons, le fort Bizoton, en état d'opposer une vigoureuse résis-tance, se rend à 300 Anglais, et 200 autres s'empa-rent aussitôt de celui de la Saline. Deux jours après le Port-au-Prince, où se trouvaient Polverel et Sonthonax, est livré sans coup férir. Les armes étaient entre les mains des Africains et hommes de couleur. Les blancs en petit nombre dans cette commune étaient désarmés ; les autres incarcérés, et la plupart déportés. Ceux du Cap avaient été exter-minés ou contrains de prendre une fuite précipitée au moment de l'incendie.

On s'était opposé, comme on a vu, à leur retour dans la colonie ; on avait soigneusement recommandé à Genet de retenir aux Etats unis les forces navales dont on n'avait pas besoin à Saint-Domingue, puis-qu'en effet on était décidé à le livrer sans opposition, ainsi que les bâtimens qui se trouvaient dégréés, et pour cause. Il est bien évident dans le système de Sonthonax que ce sont les blancs réfugiés et déportés qui ont vendu et livré la colonie, dont ils étaient éloignés de 600 lieues ; eux qui auraient eu tant de facilité d'assurer la conquête aux Anglais, si jaloux comme ils devaient l'être de rentrer sur leurs propriétés, ils eussent eu la lâcheté de pactiser avec l'ennemi commun, pour satisfaire leur vengeance et recouvrer les biens dont ils avaient été dépouillés avec une barbarie si réfléchie ! Toute fois Sonthonax les déclare tous émigrés parce qu'ils ont quitté des foyers embrâsés, et qu'ils n'ont pas eu assez de docilité pour se laisser entierement exterminer. L'impitoyable Sonthonax n'excepte pas même ceux qui, détenus dans les prisons, ont achetés de lui pour 1650 l. chacun un passeport pour passer en France ou à la nouvelle Angleterre. Un passeport vendu si cher à des milliers de citoyens déjà ruinés, et à qui il restait peut-être encore quelques Portugaises, quelle plus abominable concussion ! et ces hommes trop heureux de mettre leur vie à couvert, lorsque tout le reste leur a été enlevé, sont déclarés traîtres envers la patrie, émigrés, dignes de mort enfin, si aucun d'eux à le malheur de fouiller dans les ruines encore fumantes du Cap.

Il y a de tristes et étonnantes vérités que la postérité ne voudra jamais croire, dont les contemporains même ont bien de la peine à se pénétrer. Eh bien ! je vais donner copie de deux passeports de ce genre, délivrés par Sonthonax, avoués par lui, et bien connus de la commission des colonies.

COMMISSION CIVILE.

Nous, Léger-Félicité Sonthonax, commissaire civil de la république, délégué aux Isles françaises de l'Amérique sous le vent, pour y rétablir l'ordre et la tranquilité publique ;

Vu le récipissé du trésorier-payeur de la colonie, en date de ce jour, de la somme de seize cent cinquante livres., fournies au trésor , en vertu de l'article premier de notre ordonnance du vingt-quatre novembre dernier ; permettons au citoyen Jean-Baptiste Baudri de passer en France par telle voie qu'il lui plaira.

Fait au Port républicain , le 5 octobre 1793 , l'an 2 de la république.

Au dessous la signature de Sonthonax.

AUTRE COMMISSION CIVILE.

Nous , Léger-Félicité Sonthonax , &c. , &c., comme ci-dessus.

Vu le récipissé , &. , &., comme ci-dessus.

Permettons au citoyen Pierre Bail de passer en France par la voie de la nouvelle Angleterre.

Fait au port républicain , le 18 février 1794 , an 3 de la république.

Signé , SONTHONAX.,

par le comissaire civil de la république ;

Signé , G A U T ,

Secrétaire adjoint de la commission.

Je doute qu'il puisse y avoir de pieces plus authentiques pour asseoir un décret d'accusation; la concussion est manifeste ; quelle loi autorisa jamais la vente des passeports , et sur un tarif aussi élevé. Aussi fallait-il une ordonnance ad hoc du républicain Sonthonax , trop modeste même pour prendre des arrêtés; mais bien scrupuleusement attaché au protocole monarchique.

Eh bien ! Français , vous croirez-vous libres après tant de sacrifices , si l'incendiaire de vos foyers , si un égorgeur public peut encore impunément exiger de vous 1650 l. pour avoir la permission d'abandonner vos propriétés embrâsées , et de passer de telle partie du territoire français sur telle autre partie ! Peut-on plus impérieusement demander la bourse ou la vie de la part d'un délégué , chargé de rétablir l'ordre et la tranquilité ! Sans - doute après une si

admirable administration, après avoir rendu un compte
si exact de tant de millions qu'il a perçus, qu'il
traînait à sa suite sur soixante mulets chargés de
malles chacun, lors de sa sortie du Port au Prince,
lors de son entrée au Cap, il méritait bien les honneurs d'une seconde délégation, pour restaurer la
colonie, tout ainsi qu'il y avait la première fois réta-
bli l'ordre et la tranquilité publique; sans-doute le
veau d'or devait être adoré; sans-doute tout ce qui
était soumis au joug de sa domination, devait jeter
des fleurs sur ses pas, lui ériger des statues, comme
les Syracusains à *Verrès*, et le porter par leurs suffra-
ges à siéger au corps législatif, et à représenter le
peuple français, dont il a si bien mérité!

Il ne faut pas croire toute fois que Sonthonax reste
ici sans réplique. Pour divertir l'attention, pour pal-
lier et faire oublier des faits aussi constans, il fait
remonter jusqu'à l'assemblée constituante, la conspiration qui a livré Saint-Domingue à l'étranger. L'assemblée avait été humiliée par elle; elle résolut de
s'en venger.

Pour cela, les colons déportés par elle a Paris
eurent des conférences avec Elliot, négociateur anglais : ces conférences eurent des suites dans la
seconde assemblée coloniale; on fit des tentatives
pour amener les Anglais sur le territoire français,
mais elles ne réussirent pas. (Voyez le traité passé
aux débats, 6e volume, page 94.) Il fut arrêté le 23
février 1793, par les députés de Saint-Domingue,
que cette colonie serait livrée à cette puissance
jusqu'à la paix générale, époque à laquelle le gouvernement et les puissances alliées décideraient définitivement entre elles de la souveraineté de Saint-
Domingue.

A une imputation aussi grave les accusateurs répon-
dent qu'on s'est plu à annoncer plusieurs fois avec
emphase, ce prétendu traité, qui n'a jamais été produit en entier, et dont on n'a jamais voulu faire
connaître les signatures. Ils demandent qu'il soit produit afin de connaître les signataires. En effet quels
accusés

accusés; quels jurés se croiront convaincus d'après un simple fragment de la pièce qui seule peut constater le délit, et dont on ne donne pas à connaître les signatures; se fonderait-on sur un écrit anonime; supposé, signé par de véritables émigrés, avant d'ouvrir des débats sur un traité d'une si haute importance; il doit incontestablement être communiqué, et il est difficile de concevoir comment Sonthonax a pu en argumenter jusques-là, comment la commission a pu se refuser à une demande aussi légitime.

Dans l'extrait même qu'on nous donne de cette pièce, il y a de quoi confondre Sonthonax et ses défenseurs, qui ont toujours selon eux voulu les rendre indépendans, tandis que le traité cité, réserve au gouvernement et aux puissances alliées de décider définitivement à la paix, de la souveraineté de Saint-Domingue. Peut-il ou pense-il les regarder comme indépendans, quand ils réservent au gouvernement et aux puissances alliées de décider entre elles de la souveraineté du pays? Au reste toute pièce informe ne peut faire la matiere d'une accusation sérieuse, et jusqu'à ce que l'écriture et les signatures soient connues, avouées, ou vérifiées, on ne peut absolument y avoir égard.

A cette occasion, Sonthonax soutint que la livraison du quartier de la Grande-Anse, est l'exécution littérale du traité passé à Londres; le 25 février 1793.

A dieu ne plaise que jamais je justifie des actes qui prononcent la trahison; et si quelque chose peut atténuer le reproche fait aux habitans de Jérémie, c'est la position affreuse dans laquelle ils se trouvaient. Le Port-au-Prince avait été canonné; le Cap avait été incendié; une armée de trente mille brigands était campée près de Jérémie, et cherchait à l'envahir; déjà une proclamation des commissaires Polverel et Sonthonax, mettait hors la loi la municipalité en masse, et toutes les administrations de ce quartier; déjà une autre proclamation levait une imposition de deux cent mille livres sur la commune de Jérémie, et il y était dit que si cette somme

D

n'était promptement comptée ; les dix plus belles habitations seraient à l'instant sequestrées, jusqu'à ce que l'imposition eût été remplie ; déjà Rigaud, Pinchinat, et l'Etang, délégués de ces proconsuls insolens, avaient l'ordre de faire arrêter tous ceux à qui ils prêteraient des intentions suspectes. Voilà l'exacte vérité ; tous ces détails, toutes ces proclamations et les ordres qui les accompagnent, ont été lus et discutés dans les débats ; le silence de la commission des colonies ne paraît-il pas au moins inconcevable ? et cependant cette commission a trouvé que Sonthonax ne pouvait être acccusé. Dans la cruelle alternative où se sont trouvés les habitans de la Grande-Anse, ils ont livré leur pays, en accusant la France de les avoir réduits au désespoir, par l'envoi de ceux qui gouvernaient par tant d'atrocités.

Sonthonax attribue à Galbaud les succès de l'ennemi ; c'est selon lui à dater de l'époque de son arrivée qu'ont commencé les trahisons. Il avait donné l'ordre à Neuilli d'arrêter les commissaires civils, qui, épouvantés de n'avoir pu parvenir à cette arrestation, se sont retirés chez l'Espagnol. Le Môle et Jérémie se sont livrées les premieres à l'Anglais, après que les hommes de couleur en avaient été chassés ; d'où il conclut que les blancs ont donné l'exemple de la trahison. Les Anglais devenus maîtres de différens ports de la colonie, Lassalle, commandant par intérim, abandonna la France pour passer de lenr côté.

Ce sont les Anglais qui publierent le décret du 16 juillet 1793, portant destitution des commissaires civils, et aussitôt sept des principales communes de l'Ouest les abandonnerent pour se livrer aux Anglais. On a voulu s'emparer des commissaires civils et les assassiner ; c'est ainsi que Sonthonax prétend établir sa justification par de simples allégations. Quant aux bâtimems tombés au pouvoir de l'ennemi, lors de la prise du Port-au-Prince, il donne lecture d'une lettre par lui écrite dans le tems à Rochambeau, à la Martinique, pour l'avertir du dénuement où il se trouvait, et lui demande de la

envoyer une escadre si il y en avait une, comme
on le disait, afin de défendre le convoi de quarante
navires, chargés de denrées coloniales ; il ajoute que
s'il a marqué à Genet le desir d'éloigner des côtes
de Saint-Domingue les vaisseaux qui s'étaient em-
bossés contre le Cap, le 20, 21 et 22 juin, c'est parce
que les équipages s'étaient révoltés, et ne pouvaient
que favoriser les projets des Anglais.

On voit toujours le même système. Ces vaisseaux
rebelles partant du Cap allaient, disait Sonthonax,
se livrer eux et leur convoi, à l'Anglais, à l'Espagnol ; néanmoins contre cette, assertion tout a été
sauvé. Dans la crainte que ces forces navales ne se-
condassent les projets des Anglais, il les tient éloi-
gnées des côtes de Saint-Domingue ; il demande une
escadre qui n'existait pas à la Martinique, ou dont
on ne pouvait disposer, et Saint-Domingue tombe
aussi-tôt au pouvoir des Anglais ! Oh profondeur de
là sagesse des délégués de la métropole ! Combien
la république est heureuse d'avoir des commissaires
doués d'une aussi grande pénétration ! Comme ils
savent lire dans l'avenir ! Avec quel zele, avec quel
succès ils préparent leurs moyens de défense ! Oh qu'ils
sont précieux ces hommes uniques, pour assurer les
grandes destinées des Nations !

Sonthonax observe que les Anglais se sont présentés
trois fois devant le Port-au-Prince, qu'ils furent re-
poussés deux fois ; que la derniere ils avaient deux
vaisseaux de 74, un de 64, un de 50, et six fré-
gates, douze bâtimens de transports, et une infinité
de goëlettes. Ils s'emparerent du fort Bizoton, qui
ne fit aucune résistance, et ensuite du Port-au-
Prince, par la trahison des factieux qui y dominaient
encore.

Quels pouvaient donc être ces factieux qui dominaient encore ? les blancs. Ils étaient déportés, incarcérés ; et le reste, en bien petit nombre, désarmés ;
les factieux étaient donc les nouveaux républicains de
Sonthonax, armés exclusivement, qui ne lâcherent
pas un coup de fusil.

Au sujet du traité passé à Londres, l'accusé sou-

D 2

tient que les accusateurs doivent mieux le connaître
que lui, qu'il est l'ouvrage de ceux qui ont impri-
-mé qu'il était nécessaire de conserver à l'Angleterre
ses possessions dans l'Archipel du Mexique.

Les Colons répliquent, ce n'est point par des di-
vagations qu'on établit des faits, représentez-nous des
pièces authentiques. Ils lui demandent à leur tour,
comment il lui a fallu assiéger le Port-au-Prince par
terre et par mer en avril 1793, lâcher trois ou quatre
mille coups de canon pour s'en emparer ; comment
il l'a rendu lui-même en juin 1794, sans tirer un
seul coup de canon, ayant sous sa main une armée
nombreuse, et étant débarrassé des blancs, expulsés,
désarmés ou emprisonnés. Au surplus, l'on a avancé
que les Anglais, reconnaissans de cette complaisan-
ce, n'avaient pas permis qu'on inquiétât dans leur
fuite les commissaires ni leurs mulets.

Sonthonax répond, qu'à la vérité les avant-postes
du Port-au-Prince avaient été mal gardés, mal dé-
fendus, et que sans le décret qui venait d'arriver,
portant sa destitution, et le mettait hors d'état de
faire aucun acte de juridiction, il aurait envoyé à la
Convention le chef de la force armée.

Il est bien étonnant que Sonthonax, aussi-tôt son
retour, n'ait pas fait connaître à la Convention l'i-
neptie ou la trahison qui avait livré aux Anglais la
seconde place de la Colonie, devenue la première
depuis l'embrâsement du Cap. Mais il fallait asseoir
cette accusation sur des pièces, l'appuyer sur la déposition des témoins, et Sonthonax qui veut être
cru sur parole, redoute les pièces autant que des témoins.

Sur des passe-ports, Sonthonax prétend qu'il fallait du moins que les Colons qui quittaient la Colonie, payassent une somme en remplacement du service militaire.

Les Colons demandent quels services militaires pouvaient faire des hommes désarmés, déportés, incarcérés, des enfans de douze ans, les femmes mêmes
qui payaient 1000 livres leur passe-port. Ils ajoutent
tous ces hommes étaient coupables ou innocens ; cou-

pables, la loi du 24 avril vous enjoignait de les faire passer en France, et ils n'avaient pas besoin d'acheter de passe-ports : innocens, pouviez-vous les déporter, rançonner l'innocence, lui vendre 1650 liv. sa liberté ?

Sonthonax soutient qu'il avait le droit d'assujétir les femmes et les enfans au remplacement ; que les femmes avaient des propriétés, qu'elles devaient payer ceux qui les défendaient ; qu'il avait dû en user ainsi envers les déportés.

Les Colons reprochent à l'accusé une proclamation du 27 décembre 1793, qui défend aux femmes d'envoyer à bord aucuns de leurs effets, déclarant que les contrevenans seraient réputés émigrés, et fusillés sans autre forme de procès. Et voilà la législation de Saint-Domingue sous le joug de la domination de Sonthonax ! Quoi, une femme qui a acheté 1000 l. la permission de se soustraire à une si cruelle oppression, n'aura pas la faculté d'embarquer aucuns de ses effets ! Quoi, une femme qui aura soustrait quelques nippes, un trousseau, je vais plus loin, quelques denrées pour subsister, au moins quelque tems, sur une terre inconnue, cette femme sera déclarée émigrée, et comme telle fusillée ! Est-il une âme assez barbare pour adopter, pour exécuter une pareille loi ! Voilà, sans doute, un nouveau genre d'émigration bien commode pour celui qui annonçait au gouvernement que toutes les propriétés de Saint-Domingue étaient biens nationaux ; que tous les Colons déportés ou assassinés, étaient des révoltés justement condamnés ; que tous leurs biens appartenaient de plein droit au fisc ; qu'il y en avait pour plus de 14 milliards, et que les réfugiés n'étaient point à plaindre ; qu'ils étalaient un luxe insolent aux États-Unis. Et l'on conçoit comment des hommes, des femmes échappés au fer, aux flammes, s'embarquant en foule précipitamment, d'autres sortant des prisons à force d'argent, à qui on fait défense d'emporter leurs effets sous peine d'être fusillés, sont dans le cas d'étaler un luxe insolent. Et l'on feint de croire Sonthonax, lorsque l'Univers entier sait que les États-

Unis ont généreusement accueillis tant de victimes innocentes de la plus profonde scélératesse ; qu'ils leurs ont donné l'hospitalité ; qu'ils ont subvenu à leurs besoins, et que ces vrais amis de l'humanité ont fait d'utiles et abondantes collectes à cette occasion. Quel contraste frappant entre cette prétendue philantropie qu'on voudrait accréditer, qui n'emploie contre les citoyens que les bayonnettes et les fusillades, et celle des Anglo-Américains, qui se dépouillent pour revêtir des étrangers dénués de tout.

Sera-t-on étonné d'après de si belles promesses, d'après une si glorieuse administration, que Sonthonax ait été renvoyé une seconde fois à Saint-Domingue pour y mettre la derniere main au grand œuvre entrepris sous d'aussi heureux auspices, et qu'un fatal décret surpris à la Convention, avait interrompu. *O altitudo sapientiæ !* Combien ces profondes combinaisons sont au-dessus de mes faibles conceptions ! Combien je fus imprudent le jour où, prévoyant de nouveaux désastres, je proclamai à la tribune que je rendais responsables envers la nation, les auteurs des choix funestes que tout le monde pressentait déjà, lorsqu'on demanda à être autorisé à envoyer de nouveaux commissaires à Saint-Domingue.

Le dixiême chef d'accusation est d'avoir dilapidé le trésor public et envahi les fortunes particulières. Les accusateurs évaluent à 15.600,000 l. l'imposition du quart dans la partie du Nord, à 5,650,000 l. les impositions volontaires dans les parties du Sud et de l'Ouest, la France a envoyé le 29 décembre 1792 deux cents quatre-vingt-dix mille piastres gourdes, à 8 liv. 5 sols, qui ont été versées dans la caissse de l'extraordinaire, qui a accusé réception ; le Cap a été assujetti à une imposition forcée de 673,000 l. et le Port-au-Prince à une contribution de 450,000 l. Etienne Lavaux avoue dans une lettre, avoir perçu sur cette dernière somme 140,000 liv. en numéraire et le reste en denrée. Il y avait encore différentes recettes, celle des épargnes, celle des aubaines, celle des batardises, celle des déshérences, celle des confiscations maritimes, celle des droits suppliciés, celle des droits municipaux, celle

des libertés, celle de l'octroy. Quel vaste champ !
Quel champ plus fécond pour un dictateur qui réu-
nissant tous les pouvoirs dans ses mains, disposant
de tout, cassant toutes les autorités à son gré, ne
rencontrant nulle part aucun contradicteur, aucun
vérificateur, a encore été dispensé de rendre aucun
compte ! Est-il donc étonnant qu'un pareil commissaire
ait étonné, scandalisé chacun par un luxe effréné au
milieu de la détresse générale ! Il n'y avait point de
navire qui en partant ne payât 30, ou 40 mille livres.
Pendant le séjour des commissaires il en est parti 69 de
long-cours, il est parti pour la nouvelle Angleterre
un convoi de 87 navires, en tout, 156 navires, qui
ont produit au moins 4,600,000 liv.; on a encore
fait verser dans la caise publique la recette des successions vacantes qui avait tous ses fonds depuis
cinq ans, en vertu d'une proclamation de Polverel et
Sonthonax, du 2 avril 1793, rapportée aux débats,
page 128, tome 9, qui enjoignait de verser sous quinze
jours toutes les sommes non-reclamées; cet objet était
très considérable. Par une autre proclamation du 5
mai 1793, rapportée page 131, tome 9, les commissaires ont mis entre les mains de la république les
biens des religieux et religieuses, objet non-moins
considérable que le précédant.

On a sequestré au moins 50 habitations de véritables émigrés; leur produit a été très-considérable
aussi, et mérite bien de figurer dans le chapître des
comptes à rendre.

On a en outre séquestré beaucoup d'habitations,
dont les propriétaires en France ont produit leurs
certificats de résidence; les revenus n'en ont pas
moins été versés dans la caisse générale, et doivent
aussi entrer en ligne de compte.

Dans la partie de l'Ouest on a vendu au profit
du fisc, quantité de biens séquestrés, et pour des
sommes incalculables.

Les commissaires ont dissous la société des amis de
la Convention, et fait entrer 132,000 qu'ils avaient
dans une caisse de bienfaisance, destinée à secourir
les malheureux et les malades dans les hôpitaux.

Des richesses immenses, provenant des fouilles du Cap; tous les métaux précieux; l'or, l'argent en vaisselle; les bijoux d'une ville si opulente; on évalue à 150 millions ces produits, que les commissaires ont fait apporter dans la maison du Grigri, habitée par eux. Sonthonax a fait à sa porte un encan public des bijoux du Cap.

Toutes les sommes provenantes de tant de passe-ports, vendus injustement dans le principe, et dont au moins il convient de justifier l'emploi.

Cependant les troupes manquaient de tout, ne touchaient pas leur solde.

Cependant l'on avait tiré sur le trésor national 20,860,000 liv.; les Etats-Unis d'Amérique devaient 32,500,000 : la majeure partie a été acquittée sur la demande de Sonthonax et Polverel. Est-il donc étonnant que l'on demande compte de plus de 250,000,000 liv. en numéraire ? N'est-il pas étonnant au contraire que le gouvernement, dans des momens de détresse, entouré de dilapidateurs bien connus, dispense de rendre compte, donne de nouvelles commissions, sollicite chaque jour de nouveaux impots, lorsque la plus abondante, la plus douce, la plus légitime des perceptions, serait le recouvrement des sommes escroquées par les sangsues publiques, qui se partageant chaque partie d'administration, dévorent la substance du peuple et la fortune publique ?

Oh ! Annibal, que dirais-tu si tu vivais parmi nous ! Tu renouvellerais sans-doute les conseils que ta sagesse donna à Carthage, qui, dans un moment de détresse, après une guerre longue et malheureuse, se croyait réduite à recourir à de nouveaux subsides, dont on ne savait pas même sur quoi fonder l'assiette ; tu dis à tes concitoyens : Apprenez à faire un meilleur emploi de vos forces ; faites regorger tout ce qui vous a été dérobé, et vous trouverez de quoi assurer le service. Les Carthaginois le crurent, et ils n'eurent plus besoin d'impositions extraordinaires. Oui, ma patrie, tu as de grandes ressources ; elles ne sont pas inépuisables ; apprens à en mieux user ;

tu n'envieras pas à la Grèce un Aristide, quand tu
sauras remplacer les Silhouette, les Terray par des
Sulli, par des Colbert. Le génie de la liberté, qui
produit parmi nous tant de héros, nous fournira
aussi des milliers d'excellens administrateurs, économes
et bons comptables !

Un autre que Sonthonax aurait pu se trouver em-
barrassé ; mais fécond en ressources, il dit : 1° Qu'il
ne doit aucun compte ; que pour rendre un compte
en finance il faut avoir administré les finances.
2° Que s'il devait un compte ce serait aux commissaires de la Convention et non aux colons ; qu'au
surplus, combattant par honneur . il répond que le
tableau des revenus est fort exagéré ; que son administration n'ayant duré que vingt mois, il aurait fallu
que le revenu eût été de 125 millions par an , pour
atteindre les 250 millions auxquels les colons por-
taient la recette ; que ce recouvrement était d'ailleurs
impossible, lorsque les deux tiers de la province du
Nord étaient incendiés, et la presque totalité de la
province du Sud ; que les produits de la colonie,
dans un tems de prospérité, n'excédaient pas 30
millions par an ; il nie que l'imposition du quart
ait pu produire 15,500,000 ; selon lui les borderaux
de recette et dépense de la subvention du quart,
n'excédent pas 2,500,000 liv. Il ajoute que les colons
n'ont point prouvé que les impositions volontaires du
Sud et de l'Ouest aient été perçues ; il prétend se
disculper d'avoir fait des sequestrations injustes ;
il avance même qu'il a empêché le sequestre d'une
grande quantité d'habitations , dont les propriétaires,
à raison de la guerre , pouvaient avoir été empêchés
de faire passer tous les six mois les certificats exigés
par la loi : il reconnaît avoir reçu les 290,000 piastres gourdes, subsides bien léger pour les dépenses
de la colonie ; plus, les 450,000 de la contribution
du Port-au-Prince, employés pour achats de comes-
tibles, salaisons et farine ; les 670,000 liv. de la
contribution du Cap , n'ont jamais été payées, car
l'incendie est arrivée 3 ou 4 jours après sa proclamation , qui n'était qu'une ordonnance pour con-

traindre les habitans à satisfaire les capitaines américains. Les débiteurs se sont enfuis ; la république a
payé pour eux. Au reste les droits d'octroy étaient
nuls ou presque nuls, ce qui a été reconnu par la
commission intermédiaire, formée alors d'hommes
dans le sens des colons.

Enfin les caisses de Deshérence, d'Aubaine, Ba-
tardize, Liberté, étaient vuides à son arrivée ; elles
n'offraient plus de ressources ; on commençait à tirer
sur la Métropole ; Philadelphie n'avait plus de remise
à faire. La caisse aux successions vacantes devait
être mal garnie, puisque l'assemblée coloniale y
avait puisé, par l'arrêté qu'il rapporte du 4 novembre
1792.

Il n'a point touché à la caisse des amis de la Convention, seulement il l'a faite administrer par les commissaires de la municipalité du Cap. (sans doute par
respect pour les propriétés). Les fouilles du Cap, à
raison du pillage qui a eu lieu avant les fouilles,
n'a pas produit au-delà de 300,000 liv., suivant une
lettre de Wante, qui donne des détails à ce sujet, et
convient avoir fait tirer sur la trésorerie de 20 à 30
millions, parce que la dépense s'élevait à 5 millions
par mois, ce qui fait cent millions pour son administration. Les 30 millions ont été payés en assignats.
Il y a eu plus de 20 millions, non payés d'ordon-
nances, tirées sur les provinces de l'Ouest et du Sud.
Le tirage sur les Etats-Unis était des délégations sur
le congrès. Il n'a pas dû monter au-delà de trois
millions sur 32 qui étaient dûs à la France. Jamais
on n'a mis plus de 4 millions à la disposition de
l'administration de la colonie, sur la dette des Américains ; en sorte qu'on ne doit évaluer que sept
millions en tout sur les Etats-Unis. Il dit qu'il est
absurde de penser que la colonie ait absorbé la presque totalité de la dette, puisqu'il est de notoriété
publique, que les colons réfugiés reçoivent chez les
consuls des sommes énormes ; de plus, la station de
Saint-Domingue dans les ports des Eats-Unnis, a
encore occasionné de grosses dépenses, imputées sur
la dette des Anglo-Américains.

Enfin il termine en disant que s'il avait voulu voler il en avait tous les moyens, sans pouvoir être découvert, mais qu'il ne se glorifie pas d'avoir rempli son devoir, en comptant du produit de 400 barils de petit salé, dont il pouvait s'emparer sans que personne s'en doutât.

Les Colons opposent à l'accusé sa lettre en date du 11 janvier 1793 à la commission intermédiaire, dans laquelle il lui demande de quel droit elle s'ingere dans l'administration des finances. Ils citent différens comptes apurés par la commission intermédiaire et approuvés par lui. Il se mêlaît donc de l'administration des finances, et ne voulait pas que d'autres s'en mêlassent. Les accusateurs disent encore qu'il ne faut pas comparer les anciens produits avec ceux de l'administration des commissaires, puisqu'avant eux l'imposition du quart des revenus n'existait pas. On ne connaissait pas d'impositions volontaires ni forcées, de versemens de caisses particulieres, de séquestrations, de confiscations, d'enlevemens de caisses privées, ni des incendies dont les fouilles faites, au dépens des malheureux devinrent des opérations fiscales.

Un calcul très-exact, disent les Colons, fait sous l'administration précédente, sur une pétition du commerce de Nantes, porte les revenus de la partie du Nord à 180 millions. En supposant que les malheurs de Saint-Domingue aient réduit ces revenus au tiers, ce tiers s'élevait encore à 60 millions, dont le quart pour la subvention était bien de 15 millions, et non pas de 2,500,000 liv., comme Sonthonax l'évalue.

Les Colons conviennent que la dépense a pu s'élever à 5 millions par mois, sous l'administration des commissaires qui a duré 21 mois, ce qui ferait 125 millions. Qu'est donc devenu le surplus, puisqu'il est rentré plus de 250 millions dans la caisse générale? Encore si la troupe, si les marins avaient été payés, mais chaque jour ces militaires demandent leurs décomptes; ils persistent à dire : les caisses étaient pleines à l'arrivée des commissaires, aujourd'hui elles sont vuides, et la colonie est perdue.

IIe La commission des Colonies considérant que le onzieme et dernier chef d'accusation a pour objet de constater la validité de l'élection de Saint-Domingue et de les inculper, qu'elle n'a pas de pouvoirs pour recevoir des dénonciations contre les représentans du peuple, moins encore pour laisser débattre devant elle la validité de leurs élections, que la convention a renvoyé au comité de législation toutes les dénonciations qui ont eu lieu contre les représentans du peuple, et particuliérement celles que les Colons ont faites contre les députés de Saint-Domingue, arrête que les débats sont terminés.

Les piéces concernant cette députation ont été envoyées au comité de législation : Garan-Coulon, vous en étiez membre, vous êtes encore son organe. En ce moment sans-doute vous donnerez satisfaction, ou au moins vous remettrez les pieces à ceux qui en ont fait le dépôt.

Les Colons rappellent à Sonthonax qu'il s'est porté leur accusateur dans le cours de la discussion ; ils le somment de produire contre eux les pieces qu'il a, et lui portent le défi formel de rien prouver à leur charge.

Sonthonax convient d'avoir accusé quelques Colons, mais qu'il ne doit pas entrer dans de nouveaux débats. Quand il accusera, il le fera comme fonctionnaire public et magistrat. Il promet de présenter à la commission des Colonies et à la Convention ses recherches sur les troubles de Saint-Domingue, dans un mémoire justificatif.

Les Colons soutiennent que le décret en vertu duquel ils sont en présence de la commission, porte que les débats seront ouverts entre les accusateurs et les accusés; or si Sonthonax se porte accusateur, il doit discuter avec eux, pourquoi ils le somment de le faire incontinent.

La commission arrête qu'il n'y a pas lieu à délibérer sur la demande des Colons ; elle paraît néanmoins fondée en justice, et mettre en demeure à cet égard le commissaire Sonthonax. A-t-il effectivement fourni à la commission ses recherches sur l'origine des troubles de St-Domingue ? Aurait-il avant son départ fourni des notes pour le rapporteur et corrigé les épreuves, comme la chose a été avancée par des hommes dignes de foi, je n'en sais rien? Dans une discussion contradictoire qui a duré 6 mois entiers, commencée le 11 pluviôse an 3, terminée le 2 fructidor de la même année, il y a près de 30 mois, et dont paraît à peine en ce moment le premier des trois volumes promis, j'aurais desiré qu'en écartant toute érudition, et négligeant au besoin les grâces du style, on se fût exactement renfermé dans les différens chefs d'accusation, et que les allégations et dénégations respectives eussent été appréciées d'après les seules pieces authentiques et la déposition des témoins. J'en ai indiqué plusieurs; les faits dont ils prétendaient avoir à rendre compte étaient graves; plusieurs n'étaient ni Colons ni militaires; dans tous les cas il pouvait être prudent d'entendre ceux qui étaient présens lors des affreux désastres de la Colonie. Ils ont été écartés, ceux qui étaient arrivés et en arrestation au Hâvre au nombre de 192, ceux qui étaient détenus au château dans la ville et dans les hôpitaux de Brest, où manquant des choses les plus indispensables, il en périt de misere plus de 300, d'après une liste officielle signée, que j'ai vue, ainsi que plusieurs de nos collegues. Ils disaient formellement dans une pétition présentée aux comités de salut public, de sureté générale, de la marine et à la commission coloniale: ,, Nous avons vu dans les papiers publics l'invitation faite par cette commission à tout individu qui aurait des renseignemens à donner, de les communiquer directement à cette commission, nous avons le plus ardent desir de répondre à ses vues. Dès que nous fûmes arrivés à Brest, avant que la flotte qui amenait le riche convoi de Saint - Domingue ne mouillât, l'ordre fut donné de consigner à bord tous les passagers venant de Saint - Domingue. Peu de jours après, les membres du comité révolutionnaire passerent à bord pour mettre les scélés sur nos effets et papiers, et en firent transporter une partie au parquet du tribunal révolutionnaire, après quoi on nous permit de débarquer. Nous demandâmes des passe-ports pour Paris qui nous furent refusés. On forma une commission où tous les Colons fûrent sommés de porter la déclaration de ce qu'ils pouvaient savoir concernant les troubles de Saint - Domingue. Nous fûmes obligés de porter devant elle les griefs que nous avons contre les dévastateurs de Saint - Domingue; ceux qui oserent dire la vérité, furent arrêtés et conduits au château; les autres craignant un pareil sort garderent le silence. Plus de 60 d'entre nous sont encore incarcérés, réduits à de très mauvais pain et à l'eau, et à la surveillance la plus inquisitoriale, pour empêcher que nos plaintes et nos gémissemens ne fussent entendus. »» Ainsi, lorsqu'on semblait appeler dans les papiers publics la vérité, on incarcérait ceux qui pouvaient la faire éclore, ou au moins éclairer les débats. On comptait alors deux à trois mille Colons en arrestation dans les ports. Je fus assez heureux, par une motion d'ordre, d'obtenir leur liberté; et voilà l'origine des connaissances que j'ai acquises sur cette colonie, et de l'intérêt que m'ont inspiré toutes les calamités qu'ont éprouvés, qu'éprouvent encore ses trop infortunés habitans. On leur a reproché de n'être pas venus en France; mais les déportés, les réfugiés eurent-ils le tems et les moyens de préparer leur départ, de choisir leur asile? Proscrits, fusillés, poursuivis par le fer et par la flamme, dénués de tout, ils saisissent la seule occasion qui se présente de pourvoir à leur salut. Deux à trois mille incarcérés ou arrêtés dans les différens ports de la république, par la seule raison qu'ils venaient de Saint-Domingue, visités comme à Brest par une commission révolutionnaire qui enleve le peu qu'il avaient sauvé, papiers et autres effets; tout cela était-il bien propre à les déterminer de venir chercher des bastilles ou la mort sur la terre de la liberté.

Oui, ce qui s'est passé à Saint-Domingue avait de grands rapports avec ce que nous avons vu en France; c'est une forte branche de la vaste conspiration tramée contre la République; même système de pillage, d'incarcération, d'incendie, d'extermination qui a existé dans la Vendée; le même génie a dirigé les événemens du même genre, a trop long-tems étouffé la vérité. Laissons-là se produire dans tout son jour,

non pour rappeler de fâcheux souvenirs que toutefois
le burin de l'histoire ne laissera point échapper ; mais
pour réparer les plus criantes injustices, pour rayer de
la liste des émigrés dix mille Colons impitoyablement
chassés de chez eux, qui n'ont jamais pactisé avec
l'ennemi, qui n'ont cessé de porter leurs regards at-
tendris sur leur patrie, de réclamer son appui, son
assistance pour rentrer sur des propriétés en cendres
et couvertes de sang, dont ils ont été expulsés par le
feu, les poignards et les bayonnettes, enfin pour préparer la restauration de nos Colonies, source inépui-
sable de richesses, aliment indispensable de nos manufactures et de notre commerce, la pépinière de ces
marins qui semblent aujourd'hui balancer les destinées
des plus puissants empires.

Loin de nous quiconque peut révoquer en doute
les avantages des Colonies pour leurs métropoles !
Réduits à un territoire très-circonscrit, que seraient
parmi les puissances de l'Europe les Hollandais, les
Portugais, sans leurs Colonies. Ils occuperaient un
point sur la terre, facile à envahir, et sans moyens de
résister. Que seraient les Espagnols ? Cette riche,
vaste et puissante monarchie aurait-elle des flottes,
pourrait-elle les entretenir, subviendrait-elle par elle-
même aux frais de la guerre, sans la ressource de ses
galions ? l'Angleterre serait-elle élevée à un si haut
degré de gloire et de puissance, couvrirait-elle de ses
vaisseaux toutes les mers connues ; aurait-elle le dé-
bouché de toutes les productions de son industrie ;
pourrait-elle fournir de si gros subsides à ses alliés,
si ses établissemens sur les différens points du globe
ne mettaient à sa disposition les trésors immenses
qu'elle puise dans son commerce. Elle seule peut nous
apprendre de quelle importance sont nos Colonies ;
il faut qu'elles ayent à ses yeux une grande valeur,
puisqu'elle prétend compenser par la restitution des
parties qu'elle a envahies, tout le fruit de nos con-
quêtes et de tant de sacrifices. Elle doit ces avantages à ses forces navales. Sachons créer aussi une marine capable de lui résister. Ce projet n'est point une
chimere ; la France en a eu long-tems une bien respec-

table , en état de se mesurer , d'obtenir même de grands succès sur ses rivaux quelquefois heureux , et toujours trop confians dans leurs propres forces.

Nous ne pouvons nous passer de manufactures , de commerce , de relations extérieures , de marine , de Colonies. Elles seules peuvent rendre le quart du produit de nos possessions continentales ; et lorsque nous manquons de matieres premieres pour nos frabriques , lorsque notre numéraire ne peut suffire à nos dépenses ; lorsque la balance du commerce est si prodigieusement à notre désavantage , hâtons-nous de recueillir les tristes débris de notre fortune passée ; hâtons-nous d'être justes envers nos concitoyens ; rallions tous les esprits , ne négligeons aucun moyen de prospérité publique ; améliorons autaut qu'il est en nous le sort de tous les membres du corps social ; ouvrons les yeux sur nos erreurs ; empressons - nous de les réparer ; concourous de tous nos moyens au triomphe de la liberté , et à l'affermissement de la république !

On a fait aux Colons de très - sanglans reproches d'un trafic infâme de chair humaine ; d'avoir dégradé l'humanité en soumettant au fouet de malheureux esclaves , de ne les avoir pas affranchis. J'ai toujours blâmé , je l'avoue , le commerce des esclaves , et chez les anciens et chez les modernes. Mais ce commerce illicite aux yeux de la nature est-il plus infâme pour celui qui achete , que pour celui qui transporte et qui vend. Si l'un est digne de l'exécration générale , l'autre n'aura-t-il point son contingent dans le blâme ? Si pour colorer le pillage , le massacre , l'incendie , la dévastation des Colonies , vous leur reprochez le commerce des esclaves , faudra-t-il piller , incendier , dévaster tous les peuples de l'Europe qui ont partagé une si funeste erreur ! Faudra-t-il piller , incendier , dévaster la métropole , parce que ses armateurs faisaient ouvertement ce trafic ; la métropole qui encourageait la traite des noirs par des primes , avec ses flottes , par des armemens , par ses consuls , ses bastions sur la côte d'Afrique ; la métropole , qui long-tems en fit un privilege exclusif , qui avait dicté , consacré le code noir.

Ah ;

Ah, Grégoire ! vous qui êtes un si bon casuiste, la coupe n'appartient-elle point autant à celui qui provoque, qui organise, récompense ce commerce toutefois si infâme ; qui extrait les noirs de Guinée ou d'ailleurs ; qui les entasse, les empile sur des navires à fond de calle, où les trois-quarts périssent souvent de chagrin, de maladies occasionnées par l'air infect qu'ils y respirent ; qu'à ceux qui, tranquilles dans leurs foyers, attendent que la seule cupidité leur apporte des instrumens qu'ils jugeaient indispensables à leur culture !

Croirez-vous, Grégoire, que le vendeur Européen puisse accuser, mettre en justice, condamner son acheteur Américain ! Oh, je le pense, ce n'est ici qu'une véritable querelle d'Allemand. Comme vous, je conviendrai que celui qui exécute à la lettre le code noir, est un barbare. Comme moi, aussi vous avouerez, je pense, que la nation qui a admis ou porté un pareil code, n'est pas plus irréprochable. Ce crime, me direz-vous, est celui de l'ancien régime, celui de nos anciens tyrans ; eh bien, rejetez donc uniquement le crime sur les véritables coupables ; ou si vous absolvez les vendeurs, ah, Grégoire ! trouvez bon que je réclame la même indulgence de votre part, en faveur des acheteurs. Car enfin, il ne faut pas tout exterminer, et réaliser en ce monde un véritable enfer, que tant de gens supposent n'exister que dans votre imagination, moins pour la gloire de Dieu, toujours juste, toujours miséricordieux, que pour donner plus d'importance à vos absolutions.

Quoiqu'il en soit de ces questions théologiques, croyez-vous que la torture que l'on fesait naguere subir à tant de malheureux ; la torture qui a sacrifié avec tant de barbarie des milliers d'innocens, que le désespoir forçait de se déclarer coupables de ce qu'ils n'avaient pas fait, tandis que tant d'intrépides scélérats savaient se soustraire à la peine de mort que la loi prononçait contre leurs forfaits ; croyez-vous de bonne foi que la torture fut un moindre outrage à la nature, que ces fouets qui vous exaspe-

E

rent. Ah ! sans doute , il fallait proscrire ces institutions barbares, mais il ne fallait pas être mille fois
plus barbares nous-mêmes ; piller , incendier, dévaster
des régions entieres, ou excuser par philantropie ,
encourager , perpétuer de semblables excés. Nos
lois autorisaient à traîner à la potence un misérable
domestique qui avait volé 5 sols à ses maîtres. Cette
loi si inique existait encore hier parmi nous ; nous
en faisions la plus atroce application envers même
des innocens. Eh ! pourquoi ne pas permettre aussi
que les colons qui employaient les fouets pour punir
le vol d'un cochon de la part d'un esclave , expias-
sent leur péché par la pieuse fondation de quelques
messes de la Pie , faites au Saint-Esprit ; le prêtre
aurait reçu de l'autel , et le pécheur aurait pu se
convertir et obtenir miséricorde auprès du ciel , par
l'intercession des vrais croyans.

Je sais qu'il aurait été très - sage , très - humain ,
même très-politique , d'accorder successivement des
libertés. Je vois que les colons ont en plusieurs cas
usé et abusé de la permission , au grand détriment
de leur bourse , et malgré les défenses très-formelles
de la Métropole. Le colon qui prétendait affranchir,
donnait la liberté à un esclave d'un grand prix , à ce
qu'il avait de mieux sur son habitation , c'était déjà
un sacrifice de 8 , de 10 à 12000 liv. , mais il lui fallait
encore payer au gouvernement 3 ou 4,000 l. , cette
liberté d'affranchir ; et quantité d'arrêts très - récens
leurs fesaient défenses d'en user, même après avoir
obtenu la permission des gouverneurs et intendans.

Convenez donc , mon cher Garant , que les
princes colons étaient bien moins tranchans que nos
potentats d'Europe

Signé , CREUZÉ PASCAL ,

Membre du Conseil des Anciens.